EL PRECIO DE LA GRACIA

MARIO ESCOBAR

La historia de Dietrich Bonhoeffer y su lucha contra el mal

El precio de la gracia

Mario Escobar

El precio de la gracia: La historia de Dietrich Bonhoeffer y su lucha contra el mal

B&H Publishing Group
Brentwood TN, 37027

Diseño de portada: James Hall

Imagen de portada: Fox at Trevillion Images

Clasificación decimal Dewey: B
Clasifíquese: BONHOEFFER, DIETRICH \ GRACIA (TEOLOGÍA) \ BIOGRAFÍA CRISTIANA

ISBN: 979-8-3845-2258-4

Impreso en EE. UU.
1 2 3 4 5 * 30 29 28 27 26

A todos los que nunca se quedan callados ante el mal.

A Dietrich Bonhoeffer, que sigue inspirando con su vida a millones de personas a lo largo del mundo.

Todos mis libros están dedicados a mi esposa Elisabeth. Ella es mi compañera de vida y fe.

Dios es el único que da sentido a la vida y la única esperanza de gloria.

No actuar es actuar. No hablar es hablar.

—Dietrich Bonhoeffer

El silencio ante el mal es en sí mismo mal: Dios no nos considerará inocentes. No hablar es hablar. No actuar es actuar.

—Dietrich Bonhoeffer

La estupidez es un enemigo más peligroso del bien que la maldad.

—Dietrich Bonhoeffer

En una Alemania dominada por la mentira y el miedo, Bonhoeffer se mantuvo como una de las pocas voces de verdadera resistencia moral y cristiana.

—William L. Shirer
(historiador y autor de
***Auge y caída del Tercer Reich*)**

En un tiempo de cobardía y conformismo, Bonhoeffer mostró que la fe real exige sacrificio. No hablaba de resistencia, la vivía.

—Martin Niemöller
(pastor luterano y opositor al nazismo)

Índice

Introducción

PONERSE DELANTE DE LA FIGURA de alguien como Dietrich Bonhoeffer siempre nos hace sentir muy pequeños, sobre todo porque fue capaz de hacer cosas muy grandes como si apenas le supusieran un esfuerzo. El valor de un hombre dedicado a los libros y la teología parecía casi una contradicción. Los teólogos suelen ser personas reflexivas y obsesionadas con el significado de las palabras, pero cuando uno de ellos se da la vuelta y reta al mundo a creer, los cimientos del mundo se sacuden. Pasó con San Agustín, aquel joven filósofo y sofista, que al convertirse al cristianismo, le aportó una vitalidad y fuerza que lo impulsó varios siglos más. Lo mismo podemos decir de Santo Tomás de Aquino, Martín Lutero o Karl Barth. Teólogos que dejaron los cuartos oscuros con olor a hojas viejas y polvo para mostrarle al mundo de nuevo el camino.

Vivimos en tiempos turbulentos en los que las «religiones políticas» del siglo XX han resucitado con fuerza para volver a poner al mundo al borde del abismo. En los años treinta del siglo pasado, el marxismo leninista, el fascismo y el nazismo lograron engañar a millones de personas con sus promesas de paraísos en la tierra, la llegada de un superhombre y el culto a un líder carismático. Los populismos en América no se han quedado atrás, arruinando a países enteros en nombre de la igualdad, la fraternidad o la libertad. Bonhoeffer, como si fuera un profeta moderno, nos advierte sobre el peligro de escuchar el canto de sirenas de aquellos que pretenden salvar al hombre o a la Iglesia.

Karl Barth decía que la Iglesia que se adapta al mundo ya está muerta. ¿Cómo podemos oponernos al mal? ¿Cómo podemos reconocerlo? Todos los valores que no se ajustan al mensaje de Jesús son los contravalores del reino de Dios. Ama a tus enemigos, bendice a los que te maldicen, da al que te pide, pon la otra mejilla, deja la justicia a Dios y, sobre todo, ama a Dios sobre todas las cosas y al prójimo como a ti mismo; estas son las máximas del reino de Dios. Bonhoeffer las llevó al extremo, luchó con amor y ahínco para cambiar su sociedad y, cuando el mal diabólico del nazismo ya era imposible de combatir con la palabra, lo hizo con la espada.

¿Cómo se construyó este hombre? ¿Por qué se enfrentó al mal con todas sus fuerzas? ¿Por qué fue uno de los más odiados por el nazismo? Espero que este libro disipe alguna de estas dudas. La novela tiene la fuerza de llegar a la verdad a través de las emociones y los sentimientos, de ahondar más en el porqué que en el para qué. Sumérgete conmigo en una de las vidas más impactantes del siglo pasado. Te aseguro que si comienzas el viaje ya no volverás a ser el mismo. ¡Ven y ve!

Prólogo

Campo de concentración de Flossenbürg,
9 de abril de 1945

LA PRIMAVERA ESTABA EN TODO su apogeo cuando el guarda se acercó al catre y guardó las pocas pertenencias del reo. No lo conocía mucho, apenas había pasado en el campo unos días. Lo primero que le sorprendió al verlo fue su sonrisa. Los prisioneros nunca sonreían; sabían que podían llevarse una buena paliza o incluso morir, pero Dietrich tenía un magnetismo especial, una bondad innata que hacía que nadie quisiera hacerle daño.

El guardián metió en un saco la pipa, un bolígrafo y varios lapiceros, lo que parecía un Nuevo Testamento muy usado, unas fotos y tres cuadernos. Al hacerlo, los cuadernos se cayeron al suelo levantando algo de polvo. El guardián se agachó y sintió un fuerte dolor de espalda. En contra de lo que se podría pensar, el dolor era para él algo gratificante; desde que trabajaba en el campo, su corazón se había endurecido tanto que era incapaz de sentir nada, como si fuera un cascarón hueco.

No se engañaba, servir a Hitler era como entregar tu alma al mismísimo diablo, pero ¿para qué quería su alma alguien como él? No había conocido a su padre, que había muerto de cirrosis antes de que él comenzara a andar; su madre se había dedicado al oficio más antiguo del mundo para sacarlos a él y a sus cuatro hermanos adelante. Desde que tenía uso de razón, había trabajado para subsistir o, cuando no había nada que hacer, se había dedicado a robar, que era otra de las virtudes de su familia. Lo habían obligado a alistarse para la Gran Guerra y, por primera vez en su vida, había sentido que algo tenía sentido. No había sido mal soldado, no tenía nada que perder y eso lo convertía casi en invulnerable. Después vendría la derrota, la inflación, el terror al comunismo y, más tarde, como un rayo de esperanza en medio de tanta confusión y oscuridad, Adolf Hitler, le había devuelto la esperanza. Entonces vino la camaradería de las SA, los uniformes que todo el mundo respetaba, luego la prosperidad, el poder construir una familia mejor que la que había tenido y, después, la oportunidad de entrar en las SS y trabajar en un campo; ahora tenía mucho que perder para dejar su cuerpo muerto en la estepa rusa. Lo más irónico de todo era que, mientras su vida mejoraba, su alma parecía deshacerse en mil pedazos hasta convertirlo en un cuerpo vacío, mecánico y cruel.

El guarda se sentó en el catre, le repugnaba aquel lugar, pero no porque estuviera lleno de judíos y enemigos del estado, sino porque le recordaba que era él quien merecía estar allí dentro, no toda esa gente inocente, incapaz de hacerle daño a una mosca.

Abrió el primer cuaderno y vio una letra redonda, clara de líneas rectas, sin tachaduras. La letra de un profesor de escuela. Hojeó las páginas y, tras un segundo de duda, comenzó a leer. Las primeras palabras le recordaron el Evangelio de Juan. Se lo habían leído cuando era niño en la pequeña iglesia de su pueblo, pero hasta ese momento, era como si se hubiera borrado por completo de su mente. Después, dio un largo suspiro, concentró su mirada en las letras y no paró de leer hasta que se hizo de noche y los prisioneros tenían que regresar a sus barracones.

Los norteamericanos se acercaban. En unos días debían evacuar el campo, no sabía qué sería de su vida, se sentía tan perdido y ahora, mejor que nunca, entendía el horror del que había sido partícipe. Por eso, aquellas palabras sanadoras comenzaron a cambiarlo todo, como un explorador perdido en el desierto que de repente encuentra un pozo con agua. Cuando el primer trago inunda su garganta seca, comprende lo sediento que estaba de verdad.

PRIMERA PARTE:

ÉRAMOS FELICES Y NO LO SABÍAMOS

CAPÍTULO 1

El Nuevo Mundo

Nueva York, 6 de septiembre de 1930

«EN EL PRINCIPIO ERA EL Verbo, y el Verbo era con Dios, y el Verbo era Dios».[1] En cuanto leí estas primeras palabras, me di cuenta de que esta era la principal piedra de tropiezo de mis compañeros y colegas: si Cristo era Dios, nada tenía sentido. Aquel Jesús histórico, descrito por el teólogo David Friedrich Strauss en su libro *La vida de Jesús,* había puesto en jaque al cristianismo. *El origen de las especies,* de Charles Darwin, lo había terminado de cuestionar todo. Desde el gran terremoto de Lisboa de 1775, los hombres se habían dejado de preguntar si eran las obras o la fe lo que te justificaba ante Dios, para juzgar a Dios por Sus obras y pedirle explicaciones. Ahora, tras casi un siglo de teología contraria a la verdad del evangelio, los cristianos habían tendido a creer que la inminente venida de Cristo terminaría con todo aquel estado de cosas o llevaría a aislarse para anclarse en los fundamentos de la fe. Las cátedras, la cultura y la ciencia habían quedado en manos de

1 Juan 1:1.

los escépticos; pero para mí, ser cristiano no significa ser religioso de alguna forma, sino convertirme en un hombre nuevo.

Tomaba el viaje a los Estados Unidos como una búsqueda espiritual, parecida al que los hermanos Wesley habían emprendido algo más de 200 años antes. Ellos habían ido a América para llevar el evangelio a los indios y se habían encontrado que su fe teológica no era suficiente para salvar a nadie. Tras su regreso a Inglaterra, en un sencillo servicio moravo, John comprendió el mayor misterio de la humanidad: que únicamente Jesús y Su muerte en la cruz pueden salvarnos. No una idea teológica, no un examen histórico, tampoco una reflexión etimológica; una persona hecha Dios, para acercarnos al Padre.

Después de la lectura, intenté caminar un poco por la cubierta. El SS Bremen era un lujoso transatlántico, moderno y bastante rápido. Siempre me ha gustado el mar, pero tantos días en medio de la nada me producían cierta inquietud.

Estaba anocheciendo, y en el horizonte se veían las últimas luces de Europa. Pensé que sería la costa belga. Durante los próximos meses, viviría lejos de mi viejo continente por primera vez y, aunque los prejuicios siempre acompañan a todos los hombres, intentaba tener la mente lo más abierta posible… claro está, lo más abierta que un alemán puede abrir su mente kantiana.

Mientras caminaba por la cubierta respirando aire puro, alejado de mi camarote compartido en el cascarón sin ventanas, me fascinaba observar a las damas y a los caballeros que paseaban como si estuvieran en un hermoso parque en Berlín o en las avenidas de cualquier ciudad alemana.

Estaba absorto en mis pensamientos, como casi siempre, cuando escuché una voz que me llamaba a mi espalda. Me giré de inmediato, sorprendido de que alguien me reconociera. Al ver al hombre que se aproximaba a mí, lo cierto es que no logré reconocerlo.

—Soy Aristid von Grosse, amigo de tu hermano Karl. Nos conocimos en su cumpleaños y la vez que viniste a visitarlo en la universidad. En cuanto te vi, te reconocí; eres igual a tu hermano.

—Bueno, él tiene una mente más analítica y piensa que la mía es más mística —bromeé. Sabía que a los científicos les gustaba pensar que ellos solo creían en la ciencia.

—Me alegra verte en el barco. No aguantaría más de una semana rodeado de totales desconocidos. Menos mal que estamos en uno de los transatlánticos más rápidos del mundo. Es hora de cenar, ¿te apetece hacerlo conmigo?

—No se me ocurre un candidato mejor —bromeé, y después nos dirigimos a uno de los restaurantes. Adentro, tenías la sensación de encontrarte en un comedor lujoso de Viena o París, no en un gran cascarón que flotaba sobre el Océano Atlántico.

Nos llevaron hasta una mesa pequeña cerca de un ventanal y, aunque la oscuridad ya lo había invadido todo, prefería ver las luces de cubierta para no sentirme tan encerrado. Aristid era un gran conversador y, tras hablar mucho de sus estudios y propósito para ir a América, donde la investigación sobre el átomo estaba muy avanzada, me preguntó el motivo de mi viaje. No tenía una explicación sencilla que darle, al menos si quería contarle la verdadera razón de mi viaje.

—Bueno, he estado viviendo en España y he viajado a Italia y otros lugares. Me han sorprendido las diferentes maneras de expresión de la espiritualidad cristiana. En España, la congregación que ayudé a pastorear era bastante indiferente a lo espiritual, simplemente querían practicar la religión de sus antepasados, necesitaba tener un vínculo con su cultura y sus tradiciones. En Italia, la solemnidad del culto católico me impresionó. Creía que, como luterano, la aborrecería, pero sin duda su liturgia es sobrecogedora. Creo que nuestro luteranismo se ha quedado con lo peor de la liturgia sin alcanzar la frescura de la espiritualidad espontánea, y esa es la razón de mi viaje. La excusa para el viaje es estudiar para mi doctorado en el prestigioso Union Theological Seminary, una de las instituciones más liberales de los Estados Unidos —le expliqué brevemente.

El hombre se encogió de hombros.

—Yo no entiendo mucho de teología, pero por lo que dices, es como intentar sacar leche de vaca de una gallina. Los liberales son casi tan escépticos como los hombres de ciencia.

Los dos nos echamos a reír y después tuvimos una agradable comida y aún más agradable sobremesa. Cuando me retiré a mi camarote, me dije que si el resto de los días eran así, pasaría menos tiempo del que imaginaba encerrado leyendo.

Cuando llegué al camarote, me encontré con mi compañero, un decano de un pequeño colegio presbiteriano en la India.

—Encantado de conocerlo, mi nombre es Edmundo De Long Lucas —me dijo el misionero mientras me apretaba la mano con fuerza. Después me explicó sus investigaciones sobre la vida económica del Punjab, pero me resultó curioso que no me mencionara nada sobre su labor espiritual en la India. Sin duda, aquel era el espíritu de mi siglo y ninguno parecía escapar a él. Dios se había quedado atrapado en el ámbito de lo privado, como había propuesto Kant, y parecía irrelevante en la vida cotidiana.

Las noches en el barco eran muy placenteras, con aquella sensación desaparecida de la infancia de estar mecido en una inmensa cuna, aunque por las mañanas me levantaba angustiado, como el pobre Jonás en el vientre del gran pez. Me preguntaba si, cuando llegara a América, como el profeta rebelde, me encontraría una Nínive dispuesta al arrepentimiento o que prefiriese la destrucción total.

Tras desayunar con Aristid y caminar un rato bajo un sol tan resplandeciente que parecía devorar los colores de los vestidos de las damas y los trajes de los varones, nos quedamos mirando el océano en la popa del gran barco. Una mujer de origen alemán caminaba con su hijo. El muchacho parecía inquieto, como si aquella inmensidad lo sobrecogiera.

—Llegaremos en unos días, ya viste que no sucedió nada en el otro viaje —lo tranquilizaba la dama, aunque no parecía convencer demasiado al hijo.

—¿Quieres un caramelo? —le pregunté, mientras me paraba enfrente de la pareja. La mujer me sonrió, parecía que había adoptado el carácter desenfadado y abierto de los norteamericanos, que tienen esa capacidad de recibirte como si fuera una verdadera fiesta.

—Muchas gracias, caballero, a nadie le amarga un dulce —comentó la dama, que por su mirada parecía inteligente y sagaz. La invitamos a acompañarnos para tomar un té, mientras su hijo jugaba un rato.

—Hablar con unos adultos es el mejor regalo que podía darme el cielo —dijo la mujer entornando los ojos. Después nos sonrió y los dos quedamos prendidos de su increíble energía. Nos contó que eran de Connecticut y que habían dejado a su hija en Suiza para que le dieran un tratamiento delicado.

—Lamento que la salud de su hija esté mal —le dije sinceramente, y ella intentó aguantar las lágrimas.

—Los hijos son el mayor regalo de Dios, pero cuando les sucede algo, no hay nada en el mundo que nos preocupe más. Ser madre es difícil, mi corazón está disuelto en ellos dos…

—No puedo ponerme en su lugar, pero recuerdo mucho el amor de mi madre Paula, ella siempre nos ha mostrado un amor incondicional. Los primeros años de instrucción los recibimos en casa; ella fue la que nos acercó a Dios. Hasta mi padre, que siempre ha sido escéptico, participaba de nuestros cultos familiares. Cuando le dije que me quería dedicar a la teología, ella se emocionó, aunque mi padre hubiera preferido que me dedicara a la ciencia como mi hermano Klaus —le expliqué, mientras Aristid sonreía.

—Si tengo que elegir entre un hombre de ciencia y otro de Dios, me quedo con el primero. Este siglo necesita más mentes que corazones —comentó Aristid.

—¿Usted cree? Mire cómo está Alemania, pero también Italia y Rusia. Cuando el hombre se aleja de Dios, se convierte él mismo en dios y destruye todo lo que toca a su paso —le comenté, pero después me arrepentí de aquella visión tan negativa del hombre. Dios nos había creado con un propósito muy elevado y nos amaba tal y como éramos.

—Los religiosos siempre son pesimistas. Estoy cansada de los predicadores americanos, siempre hablando del pecado y la destrucción divina —añadió Louise.

—Es cierto, la religión siempre es asfixiante. Yo mismo fui religioso mucho tiempo. Ser cristiano no tiene nada que ver con ser religioso; es convertirse en un hombre nuevo.

—¿Un hombre nuevo? —preguntó con cierto asombro Aristid—. Me suena a las ideas marxistas del hombre nuevo.

—Cristo le dijo a Nicodemo, uno de los principales fariseos de Su tiempo, que le era necesario al hombre nacer de nuevo. Nacer del agua y del espíritu, claro está.

—¿Cómo se puede nacer de nuevo? —me preguntó la mujer, que parecía más abierta a nuevas ideas.

—Aceptando a Jesús como tu amigo y maestro, reconociendo tus errores, pidiendo perdón y convirtiéndote en Su discípulo…

—Parece muy sencillo, tal vez demasiado sencillo —dijo Aristid.

—Lo sencillo, en ocasiones, es lo más difícil de aceptar —le contesté, mientras miraba el rostro de los dos y la perplejidad que siempre produce en el corazón del hombre el sencillo mensaje de la cruz. Después continuamos hablando y oré para mis adentros, para que aquella pequeña semilla sembrada diera algún día fruto.

La visión de Nueva York a medida que el barco se aproximaba me impactó. Aquellos inmensos edificios parecían desafiar la gravedad, pero me recordaron demasiado la Torre de Babel, como si los estadounidenses estuvieran intentando desafiar al Dios en el que decían confiar.

En el puerto de Chelsea, me esperaban mi querida tía Irma y mi tío Harold Boericke; iba a pasar con ellos unos días en su casa en Filadelfia.

—Eres todo un hombre, apuesto y elegante —dijo mi tía después de abrazarme. Algo que en Alemania seguramente no habría hecho con tanta efusión.

Su casa era una agradable villa en Drexel Hill, con comodidades difíciles de encontrar en el Viejo Continente. Mis primos, Ray, Betty y Binkie, me trataron con mucho cariño; pero yo estaba impaciente por regresar a Nueva York y sumergirme en el ambiente académico de nuevo.

Unos días más tarde, un taxi me dejó en la puerta del seminario, un mozo me ayudó con el equipaje y el conserje me llevó directamente al despacho de Henry Sloane Coffin, el presidente del seminario.

—Bienvenido a los Estados Unidos, espero que su estancia entre nosotros sea muy agradable —me dijo aquel hombre de aspecto afable y bondadoso.

—Muchas gracias, estoy encantado de estar aquí.

—Nuestra institución es una de las más liberales del país; también de las pocas que acepta estudiantes de todo el mundo y afroamericanos. Espero que se adapte muy pronto al ritmo de esta ciudad y al inglés.

—El inglés se me da bien, gracias. Espero yo también con impaciencia las primeras clases —le dije sin disimular mi entusiasmo.

Una de las clases que me parecía más interesante era la de Eugene W. Lyman, que impartía Filosofía de la Religión. Pensaba que él me mostraría algo más de la espiritualidad norteamericana.

A los pocos días, ya me sentía profundamente decepcionado. Mis compañeros ignoraban casi todo en teología, su espíritu norteamericano era tan pragmático que se dejaban embaucar fácilmente con cualquier idea liberal y humanista, desconocían por completo la dogmática, no les importaba para nada la historia de la iglesia y sus casi 2000 años de existencia, a la que despreciaban en todos los sentidos, aunque su afición preferida era criticar a los fundamentalistas, a los que consideraban una banda de burros e ignorantes fanáticos. Lo malo no era que fueran liberales —a eso me había tenido que enfrentar con creces en Berlín—; lo peor era que eran mediocres y apenas intentaban hacer cualquier esfuerzo intelectual.

Uno de mis peores días en el seminario fue cuando, al presentar un trabajo sobre la esclavitud de la voluntad de Martín Lutero, los estudiantes se pusieron a reír a carcajadas.

—¿Cómo puedes creer los desvaríos de un monje neurótico del siglo XVI? —me preguntó uno de mis compañeros.

—Porque sin él, tú no estarías sentado en esta clase. Aquel neurótico era un profesor de Biblia en una universidad, conocía mejor que tú la teología y la filosofía y arriesgó su vida para que hoy tú te pudieras reír de él.

Se hizo un incómodo silencio en la clase y Lyman, que había participado de la broma, se puso muy serio.

Al día siguiente, se me acercó uno de los profesores con el que no había cruzado ni una palabra. Me saludó con una sonrisa de oreja a oreja.

—Me llamo Reinhold Niebuhr.

—Encantado.

—Esto a veces parece más una escuela de política que de teología, pero bueno, es el siglo que nos ha tocado vivir.

—Sin duda —le contesté. Hasta ese momento, me había refugiado en los otros estudiantes extranjeros; no me sentía cómodo con los norteamericanos.

—Si quiere descubrir la verdadera espiritualidad de este país, tiene que ir a una iglesia afroamericana. Esa gente ha hecho más por influir en la liturgia y la forma de sentir la fe que todos estos profesores estirados.

Aquellas palabras me quedaron grabadas. Pasé las Navidades en La Habana, Cuba, con un compañero. Me impresionó ver que había otra América que no conocía y, al regreso, Dios me puso en el camino de Franklin Fisher; era la primera vez que conocía a un afroamericano. Me dio la mano y se me presentó con tanta afabilidad, que enseguida nos hicimos como hermanos. Su padre era pastor de una iglesia bautista en Birmingham. Había venido a Nueva York para estudiar en el seminario, pero también para vivir y ver con sus propios ojos el avivamiento que estaba sucediendo en Harlem, el barrio afroamericano de Nueva York.

El domingo siguiente, los dos acudimos a la Iglesia Bautista de Abisinia, donde Franklin hacía las prácticas para convertirse en pastor.

La Iglesia Bautista de Abisinia había sido fundada por inmigrantes etíopes, pero se había hecho un lugar prominente en la comunidad de Harlem. Mientras nos dirigíamos a la iglesia, no podía menos que sentirme emocionado.

Entramos en el sencillo salón, sin oropeles ni nada fastuoso. Enfrente, lo único que sobresalía sobre un entablado de madera era un púlpito viejo de madera oscura con una sencilla cruz. A un lado, había un coro vestido con túnicas azules y amarillas que recibía a la congregación entre alabanzas.

Franklin se sentó en la primera fila, la última en la que se pondría un alemán, y yo me puse a su lado. A mi alrededor todo era vida, la gente parecía danzar al son de las alabanzas y parecían tan felices y alegres como un grupo de colegiales al iniciar las vacaciones de verano.

Después de varias alabanzas, donde la gente parecía entrar en éxtasis, el pastor se dirigió hacia el púlpito, sonriendo, como si estuviéramos en una verdadera fiesta, y comenzó a decir:

«Hermanos, estamos aquí reunidos para celebrar este hermoso día de resurrección. Jesús no está muerto, la tumba está vacía, y Él un día también vaciará la nuestra. ¿Dónde está, oh muerte, tu aguijón, y sepulcro, tu victoria? Ya no padecemos por temor a la muerte. Porque Él vive, viviremos nosotros. Ya no somos esclavos del pecado, como lo fueron nuestros padres. Las verdaderas cadenas de las que nos hemos librado son invisibles y damos gracias a Dios por nuestra libertad».

La congregación contestó con un largo *amén,* y yo sentí que me estremecía en mi espíritu. Aquello era lo que había venido a buscar.

Unas semanas más tarde, las cartas de mis padres y mi querida hermana me inquietaron. La situación en Alemania era mucho peor que cuando me fui. La crisis de 1929 había tardado algo más en llegar a mi país, pero lo había sacudido con más fuerza que a ningún otro.

En el barco que me llevaba de vuelta a Alemania, no podía dejar de pensar en todo lo que había sucedido. Ya no era la misma persona, había visto con mis ojos cómo la teología podía volverse viva y luchar contra la arrogancia de la espiritualidad en la que todo se hacía a la medida del hombre y no de Dios. Ahora estaba dispuesto a que me hablase la Palabra de Dios y a llevarla fresca a mi país, que parecía sumergirse en la más profunda oscuridad. En aquellos años de incertidumbre y confusión, cuando todo parecía tambalearse, la iglesia debía haber sido un faro de luz en medio de la oscuridad, pero estaba entretenida en sus debates infructuosos. Yo me sentía dotado por Dios y enviado a una misión que aún desconocía, pero que me hacía creer cada vez más en que la teología no era un fin en sí mismo, solo era un medio para conocer a mi Salvador y volver a los hombres para presentárselo.

CAPÍTULO 2

El hombre de la Providencia

Bonn, 10 de julio de 1931

NUNCA HE SIDO MUY MITÓMANO. Las dos únicas personas con las que me hubiera entrevistado y no hubiera abierto la boca habría sido con el apóstol Pablo y sin duda Jesús, aunque sé que a ambos los veré en la eternidad. Ni siquiera Martín Lutero me habría llamado tanto la atención como el profesor Karl Barth. Mi amigo Erwin Sutz facilitó el encuentro y siempre le estaré agradecido. Fueron los libros de Barth los que me hicieron comprender qué era la fe en Cristo y que esta era compatible con el hombre del siglo XX.

Lo he visto brevemente antes de su clase en la universidad; no me atreví a quedarme, me hubiera sentido como un intruso. Me invitó a una velada con monjes de María Laach y las horas hasta la cena se me hicieron interminables. Siempre lo había imaginado como un hombre refinado, un típico profesor de aspecto académico británico, pero al parecer, a Barth no le interesa mucho su imagen. Me he sentido mal, yo que me preocupo tanto por la mía. Tal vez sea solo vanidad. Su aspecto era desaliñado y siempre estaba fumando en su pipa, tenía tos profunda que lo interrumpía al hablar. Pensé que era como el apóstol Pablo, que no impresionaba a los que lo conocían hasta que enseñaba sobre su Maestro. No era un hombre mayor, aunque rozaba los cincuenta, pero su tarea de reconstruir el edificio de la ortodoxia dentro de la cristiandad europea era un trabajo tan arduo que no me extrañaba que no tuviese tiempo para su aspecto físico.

Las horas se me hicieron eternas, pero cuando vi al profesor con los religiosos me puse muy nervioso.

—Señor Bonhoeffer, me alegra que sea puntual, ya sabe lo obsesionados que estamos los suizos con ese tema. Cuando Sutz me propuso este encuentro, dudé. Por desgracia, apenas tengo tiempo para mí, pero recordé que usted fue el que citó la famosa frase de Lutero, esa que dice que las blasfemias de los ateos en ocasiones le suenan mejor a Dios que las alabanzas de los devotos. Los cristianos a veces somos muy hipócritas, querido colega —dijo sin toser ni una sola vez, pero olía a tabaco y café, como si se hubiera sumergido en ellos antes de la cena. Me presentó a los dos religiosos y nos sentamos en una mesa tosca de madera, en la que podía haber estado el mismo Lutero.

—Estoy cansado de la teología que se dedica a intentar constantemente adaptarse a la filosofía de la época. No somos la hermana menor de nadie y, además, la filosofía se autodestruyó con Kant, y Hegel la remató.

Me quedé mirándolo como un tonto. Prefería escuchar que intervenir, pero Barth no era un monologuista, aunque me impresionaba más hablando que en sus libros y artículos.

—Hay que ir al grano.

Me limité a afirmar con la cabeza. En Berlín, me habían tolerado como un hereje de la nueva religión que era el cristianismo liberal, pero casi todo lo había tenido que indagar yo solo. En los Estados Unidos, me había dado cuenta de que al ser tan pragmáticos querían una teología a la carta, que los ayudase a ser cristianos, pero sin cambiar demasiado sus hábitos consumistas y materialistas. Sin embargo, aquel hombre hablaba como un rabino y sus palabras tenían el eco de Jesús.

—La teología es la ciencia que se atreve a expresarse acerca de Dios, por eso siempre fue la reina de todas. Ahora somos la hermana pobre —le dije, pero al instante me arrepentí de mis palabras.

—¿Han oído, hermanos? Todavía hay esperanza para la teología. Toda la teología se resume en que la única base correcta para pensar sobre Dios es Jesús y que la teología debería ser una sierva de la iglesia, no su señora.

—Entonces, si Jesús nos enseña a amar a nuestros enemigos y al prójimo como a nosotros mismos, los cristianos deberíamos cambiar el mundo —le contesté entusiasmado. Venía de América embebido de las ideas sociales y la implicación de los cristianos en estas, pero él me paró en seco.

—No creo que sea buena idea convertir al cristianismo en un socialismo encubierto. Si lo miramos de forma superficial, parece que ambos tienen puntos en común; de hecho, el socialismo es una burda copia del cristianismo, pero enseguida las diferencias se acentúan. Marx era un mentiroso, no quería transformar la realidad; su deseo era destruirla. Los cristianos no estamos aquí para cambiar la sociedad, sino para predicar el evangelio. Dios cambia hombre a hombre, esa es la única revolución posible —apuntó el teólogo y yo me quedé unos segundos noqueado.

—Bueno, es cierto, pero la gracia también cambia la sociedad indirectamente. ¿No, profesor?

—La gracia siempre cobra un precio, querido colega, el precio de la renuncia total, de la rendición total frente a Dios. Usted quiere convertir la gracia en un principio y después apalear el resto de las doctrinas hasta matarlas. Dios transformará al mundo cuando su Hijo regrese. Mientras tanto, siempre habrá dolor y sufrimiento. ¿No ha observado cómo está Alemania? ¿No ha visto a los camisas pardas por las ciudades del país? Los comunistas luchan en las calles contra los nazis; en el parlamento, todos se pelean y los alemanes se mueren de hambre. Esa es la realidad del mundo, querido colega, y las cosas no van más que a empeorar —dijo Barth, mientras comía con avidez su plato.

—Entonces, ¿debemos quedarnos quietos ante el mal? —pregunté algo ofuscado.

—No, querido colega. Dios controla la historia y es Él quien pone de nuevo todo en equilibrio. «Él muda los tiempos y las edades; quita reyes, y pone reyes; da la sabiduría a los sabios, y la ciencia a los entendidos»[1] —dijo citando el libro de Daniel.

Uno de los monjes, que apenas había intervenido, añadió:

—Dios hace reyes y los destrona; Su voluntad gobierna el mundo. Ya lo dijo Jacques-Bënigne Bossuet en el siglo XVII, en plena era de Luis XIV.

—Cuando me fui de Alemania, los nazis eran apenas una pequeña nube negra en el horizonte, pero ahora son un cielo

---

1 Daniel 2:21.

completamente encapotado, chispeante de electricidad, a punto de derramarse sobre todos nosotros.

Barth me miró con sus ojos enmarcados en gafas redondas; sus rasgos eran angulosos, pero tenía una suavidad que denotaba su bondad.

—Yo cometí su mismo error cuando era joven, querido colega. Quería cambiar el mundo, pero no estaba dispuesto a cambiarme a mí mismo. Dedíquese a cambiar su interior, le aseguro que con ese simple gesto, ya estará cambiando el mundo más que todas las ideas revolucionarias y los principios sociales que se le ocurran.

CAPÍTULO 3

Las últimas Navidades

Berlín, 2 de enero de 1933

AQUELLAS FUERON LAS ÚLTIMAS NAVIDADES normales. Mi hermano Karl me había advertido que los alemanes estaban coqueteando con el fascismo. Para muchos, lo que había ocurrido en Italia era algo exótico, una especie de nuevo experimento político, lleno de uniformes frívolos, eslóganes pegadizos y gestos teatrales, pero los chicos de pardo parecían más atemorizantes que los fascistas de negro.

Aquel día, estaba frente a mi viejo escritorio y pensaba que en los dos últimos años apenas había parado. El viaje a Cambridge, después había regresado a Berlín para comenzar las clases en la universidad y el servicio como pastor ayudante, y más tarde la reunión de la Alianza Mundial, y sobre todo la confirmación y preparación de los jóvenes de la iglesia, especialmente las veladas literarias con escritores como Ernst Wiechert o Frank Thiess.

Mi arrogancia juvenil había hecho que no siguiera los consejos de Barth, algo de lo que ahora me arrepiento, porque en lugar del verdadero evangelio, me contentaba con transmitir ideas vagamente sociales y pacifistas. Siempre andaba diciendo que Dios era una idea abstracta hasta que no la encarnáramos en la cruz, pero yo mismo no quería ir a ella para buscar salvación.

Mi madre me llamó para comer, aún estábamos comiendo sobras de las celebraciones, pero para mí eran verdaderos manjares.

La mesa estaba repleta aquel día. Además de mis siete hermanos —el bueno de Walter había muerto en la Gran Guerra; estaban Karl, Klaus, Ursula, Christine, Sabine, mi hermana gemela y Susanne—, presidiendo la mesa estaba mi padre Karl y en el otro lado mi querida madre Paula. También estaban mis cuñados, que parecían hambrientos.

—¡Venga, hijo! Estamos comiendo muy tarde —se quejó mi padre. Bendecimos la mesa y comenzó la algarabía.

—Estás todo el día aporreando esa máquina —se quejó Sabine, a la que siempre le gustaba fastidiarme. Acaba de adquirir una Adler y me encantaba poder acelerar mis proyectos; hasta podía pensar más deprisa.

—Prefiero eso a tu música, hermanita —le contestó la pequeña Susanne, y las dos se enzarzaron en una discusión.

Mi padre parecía aquel día especialmente serio hasta que comenzó a hablar.

—Esos nazis van a conseguir un acuerdo; el cabo austríaco terminará convirtiéndose en jefe de gobierno.

—Si Dios quiere —le contesté.

—¿Dios? Creo que no le importamos demasiado…

—Karl, no hables de Dios en esos términos —contestó mi madre—. No me gusta que se hable de política en la mesa. Ya lo saben.

—Madre, el mundo se ha vuelto loco y no podemos hacer como si no pasara nada —comentó Karl junior, que era el que más se parecía a mi padre.

—Eso es cierto, pero no creo que solucionemos nada alrededor de una mesa —añadí para darle la razón a mi madre.

—Bueno, cuando los nazis lleguen al poder, Dios nos mostrará qué hacer, sé que cada uno de ustedes actuará según su conciencia. Así es como los hemos educado, pero ahora comeremos. Hace poco celebramos el nacimiento de nuestro Señor, judío, por cierto, y hoy celebramos que estamos juntos. No hay muchas ocasiones así. Dentro de poco, casi todos me dejarán sola —comentó mi madre, que echaba de menos tener la casa llena de niños y dedicarse por completo a nosotros.

—Siempre vendremos a verte —le dije algo enternecido. Sabía que le debía casi todo a esa mujer dulce y fuerte.

Después de la comida, salí con Karl al jardín. Fumaba y mi madre no le dejaba que lo hiciera dentro de la casa. La nieve lo cubría todo.

—¿Ya has ido a esquiar? —me preguntó.

—Sí, pero casi me rompo una pierna. Nunca he sido muy bueno para los deportes.

—Eres más de estar de rodillas —comentó mi hermano, que no aceptaba que me hubiera convertido en pastor y teólogo. Para él, la iglesia era irrelevante y aburrida.

—Bueno, eso no es un deporte, hasta donde yo sé.

—¿Qué pasará si los nazis llegan al poder? —me preguntó con cierta angustia, como si le costara sacar aquellas palabras de su garganta.

—Pues… —titubeé; no me consideraba ningún oráculo—. Me temo que nada bueno. Esa gente odia a los judíos, pero también a los cristianos y cualquiera que cuestione su forma de ver el mundo. Lo único que le puede hacer frente es el ejército y la iglesia. El ejército está cansado de la República, y cuando se muera el presidente, ya no le deberá nada a este régimen ni a la iglesia…

Mi hermano me miró con cierto escepticismo.

—Me temo que la iglesia está dormida y mi deber es despertarla. Muchos han creído a los cánticos de sirena de este vendedor de humo, pero todavía hay muchos que se resisten a creerle.

Berlín, 1 de febrero de 1933

Aquel día, estaba en la radio para intentar de forma desesperada despertar a las masas que parecían totalmente hipnotizadas por Adolf Hitler y sus secuaces. Prefería ver la cara de la gente cuando hablaba en público, pero me puse enfrente de aquel gran micrófono redondo y cerré los ojos, como si estuviera comunicándome con el pueblo alemán de alguna forma mística, más que por las ondas.

> *¿Por qué todas estas constantes preguntas sobre la generación más joven, sobre sus pensamientos, sus esperanzas y sus fortalezas? ¿Por qué estas preguntas en un momento en el que, como nunca antes, lo importante es la capacidad práctica, las*

habilidades adquiridas y el conocimiento bien fundamentado? Es decir, lo que importa son los adultos experimentados y ciertamente no la juventud.

¿Es acaso la curiosidad ansiosa de padres inseguros que desean saber cómo continuará todo después de que ellos desaparezcan? ¿Es el sensacionalismo de nuestra época, que está tan impaciente por lo «nuevo» asociado con la generación más joven como lo está por la última moda de verano? ¿Es una autoindulgencia poco natural de la propia juventud, vanagloriada por los ancianos por su singularidad y belleza?[1]

Continué el discurso, quería que vieran que entendía que la sociedad necesitaba líderes fuertes en tiempos de crisis, pero que el peligro se encontraba en convertirlos en figuras casi divinas, por encima del bien y del mal, de la moral y la ley.

El líder y sus seguidores están condenados a la idolatría mutua si no reconocen los límites de su autoridad y responsabilidad.

Respiré hondo y el técnico me hizo una señal; al parecer, habían llamado del despacho de la cancillería para que paráramos la emisión. Yo le hice una señal de que continuábamos.

La verdadera lealtad hacia el líder consiste en confrontarlo con la verdad y mantener la propia responsabilidad moral.

---

1 Tomado de *Dietrich Bonhoeffer, Works,* vol. 12: Berlín: 1932-1933. (Mineápolis: Fortress Press, 2009), págs. 266-268. Ensayo: *«The Younger Generation's Altered View of the Concept of Führer»* (Radio talk, 1 de febrero de 1933, Berliner Funkstunde, 5:30 pm. En este momento, Bonhoeffer era capellán estudiante en el Technical College en Charlottenburg).

Estaba entrando en la recta final, cuando unos policías entraron en la radio.

> *Con total sobriedad, el líder debe limitarse a la tarea que tiene por delante. El líder sirve al orden del Estado, a la comunidad, y el servicio del líder puede tener un valor incomparable; de hecho, puede ser esencial. Sin embargo, esto es así solo mientras el líder se adhiera estrictamente a su tarea. El líder, temporalmente, toma el poder de decisión del individuo, pero siempre debe recordar que este estado es una necesidad temporal y debe recordarles continuamente a los seguidores esta condición.*
>
> *El líder debe aceptar esta autoprivación de derechos, esta autocapacitación, para devolver a los individuos a su propia responsabilidad.*

Miré incrédulo a los policías y me puse en pie. No me dirigieron palabra alguna, pero al quedar el discurso inconcluso, temí que no se hubiera entendido bien el mensaje. Me sentí como una voz clamando en el desierto.

CAPÍTULO 4

Jesús el judío

Berlín, 26 de abril de 1933

AQUELLOS MESES FUERON UN FRENESÍ. Mientras los alemanes parecían más preocupados por encontrar trabajo o por la carestía de la cesta de la compra, Hitler había deshecho la constitución y se había otorgado plenos poderes con el «Decreto del Incendio del Reichstag». Una de las manos ejecutoras de su amo, Friedrich Himmler, cerró el seminario y la casa fraternal; todas las organizaciones que no formaran parte del NSPD quedaban prohibidas. Hitler estaba terminando con la activa vida social de los alemanes, como había hecho con los medios de comunicación y la cultura.

Unos días antes, los nazis habían puesto un boicot a los comercios judíos. Mi propia abuela había entrado en varias tiendas desafiando a las SA. Mis padres estaban preparados para participar en una manifestación contra tales medidas, pero aunque el seguimiento al boicot fue muy pequeño, nadie quería significarse demasiado.

Aquello tuvo para mí un sabor agridulce; mis compatriotas parecían mantener algo de dignidad, pero seguían confiando en Hitler y sus recetas para cambiar el país.

Aquel día, estaba reunido con mi hermano Klaus y Paul Lehmann. Queríamos que líderes religiosos de varios países supieran lo que estaba pasando en Alemania; los nazis eran unos expertos en desinformar.

«El rabino Wise, el principal de los Estados Unidos, debe estar informado, también el arzobispo de Canterbury, el papa y otros líderes», opinamos.

Unos días antes, los nazis habían reunido a los autodenominados «Movimiento de la fe de los Cristianos Alemanes», una organización que pretendía influir en la iglesia luterana y destruirla desde dentro. También querían crear una iglesia unificada que terminase con todas las libres.

No había asistido a las reuniones de las asambleas organizadas el 3 y el 4 de abril, pero sí había accedido a los discursos de hombres como Frick y Göring, pero sobre todo Kube, el jefe del distrito y presidente del partido en Prusia. A la reunión también asistieron algunos de mis colegas, engañados por las proclamas para crear una iglesia unida, y otros que comenzaban a posicionarse a favor de los nazis. Unos días más tarde, Hitler mismo había señalado con el dedo a un pastor llamado Ludwig Müller para que fuera él quien dirigiera a la iglesia evangélica alemana por el buen camino.

Nadie parecía conocer a Müller, pero un colega me contó que era un ferviente nazi, pastor en Rödinghausen, y al parecer defendía las ideas de un Cristo ario y la eliminación de cualquier creencia judía. Su misión principal era poner a la iglesia al servicio del Reich, lo que significaba ponerla en manos de Hitler.

Mientras tanto, la iglesia cambiaba su constitución y comenzaba a aplicar las leyes antisemitas que impedían a pastores de origen judío continuar en sus iglesias.

Todo aquello me indignaba, pero unos días después, ante la muerte del padre de mi cuñado Gerhard, me negué a participar en el entierro.

Mi hermana Sabine lo entendió, pero es una de esas cosas que jamás me he perdonado. Gerhard fue apartado de sus clases en la facultad de leyes de Gotinga y su vida comenzó a convertirse en un infierno.

Cada día me preguntaba cómo los alemanes podían mostrarse impasibles ante todo aquello. Algunos hasta decían que Hitler era cristiano y que ya Martín Lutero había hablado contra los judíos y su pérfida influencia.

Nunca había estado en ningún discurso de Hitler, pero sí había escuchado algunos por la radio y hablaba como un predicador. Sus mítines parecían verdaderos actos religiosos y sus ceremonias tenían una liturgia casi tan elaborada como la de la Iglesia católica. En aquel momento, no entendí que Hitler estaba seduciendo a los alemanes precisamente por su espíritu religioso.

Mientras Hitler daba una cara, algunos de sus líderes como Rossemberg o Himmler querían crear una nueva Iglesia Nacional que no tuviera casi nada que ver con la verdadera de Cristo.

Alemania parecía perdida, y la iglesia que había llevado la libertad a la nación en el siglo XVI parecía ser la siguiente presa por cazar por Hitler y sus cómplices.

CAPÍTULO 5

El sermón

Berlín, 28 de mayo de 1933

LOS NAZIS ESTABAN BARRIENDO TODAS las instituciones, pero su ataque al mundo académico era de los más devastadores. En todas las universidades había depuraciones y, después de la orgía de libros quemados, bibliotecas expurgadas y bibliotecarios expulsados de sus cargos, ahora los nazis venían por nosotros.

Mi cuñado Gerhard, el marido de mi hermana pequeña Sabine, también había tenido que dejar las clases al ser expulsado por ser judío, aunque hacía tiempo que se había convertido al cristianismo. Para ellos, el judaísmo no era una religión; era sobre todo una raza.

Ahora, parecía que el turno le tocaría a Karl Barth en Bonn, por pertenecer todavía a un partido socialdemócrata, aunque hacía tiempo que había abandonado esa ideología.

Varios de mis colegas habían caído, como Emil Fusch por socialista religioso. No sabía cuándo me tocaría a mí.

Ahora mis preocupaciones eran otras. La iglesia en la que había crecido se estaba desmoronando por completo, gracias a los Cristianos Alemanes, que estaban intentando que su candidato prevaleciera para poder prohibir el Antiguo Testamento, cualquier referencia judía de la Biblia, y fomentar la expulsión de los pastores de origen judío y la introducción de valores nacionalsocialistas.

Estaba intentando concentrarme en la oración, pero me costaba mucho. En unos minutos, subiría al púlpito a predicar y quería que el Espíritu Santo hablase a los corazones de la congregación de la Kaiser-Wilhelm-Gedächtniskirche.

La congregación me observó atentamente mientras me dirigía hacia el púlpito. Pude ver algunos uniformes nazis entre el público, al que se unían miembros de la Gestapo que se escondían en las congregaciones para tomar nota de lo que se predicaba.

«¿Para qué sirve una iglesia que está instalada en la espera? ¿A qué esperamos? El pueblo de Israel —dije, mientras algunas caras se retorcían al escuchar el simple apelativo "Israel"—. Mientras Moisés subía al monte Sinaí para que Dios le diera Su ley, como había prometido, el pueblo se quedó con Aarón, que se convertiría en el primer sumo sacerdote de Israel, pero viendo que Moisés no regresaba, el pueblo comenzó a inquietarse. Desde el valle, se veía el monte envuelto en una nube, y el fuego y azufre que brillaban debajo de esta. Habían visto los milagros de Dios, habían seguido al hombre de Jehová hasta allí, pero temieron que Dios los hubiera abandonado y le pidieron a Aarón que construyera un becerro de oro. Tomaron sus joyas y piedras preciosas, y en cuanto el becerro estuvo terminado, todos se inclinaron para adorarlo. Aarón era un siervo de Dios, pero se dejó convencer para hacer algo que sabía que Él abominaba —dije sin dejar de mirar al público. Muchos miembros de la congregación comenzaron a murmurar entre sí. Los nazis hacía tiempo que habían conseguido dividirnos a los cristianos.

»¿Seremos la iglesia de Aarón o la iglesia de Moisés? —continué—. Parece la misma, pero no lo es. La iglesia de Aarón escucha al mundo y las demandas populares, aunque estas estén en contra del plan de Dios. La iglesia de Moisés permanece fiel a la Palabra de Dios. Las ideologías políticas no pueden ponerse por delante de nuestra fe; hay que mantener la firmeza espiritual y moral que ha hecho grande a Alemania».

Algunas personas se pusieron de pie y comenzaron a salir de la capilla, otras las miraron como si también desearan marcharse.

«La humanidad está siempre dispuesta a hacer cualquier sacrificio en el que puede festejarse a sí misma y adorar las obra de sus manos…».

Tras el sermón, como era mi costumbre, fui a la puerta para despedir a la congregación. No era la mía, pero conocía bien a la mayoría de sus miembros.

La mayoría de la gente me saludó rápidamente y salió del tempo conturbada, pero algunos se explayaron más.

—Es mejor que los párrocos no se metan en política —me dijo un hombre alto con traje negro de enterrador.

—Es la política la que se está metiendo en la iglesia.

Otro de los feligreses con su esposa se limitó a mirarme con frialdad y después salió de la iglesia refunfuñando.

—Es usted muy valiente —me comentó una ancianita después de darme la mano—. No se canse de hacer el bien.

Aquellas palabras me emocionaron. Uno de los últimos en despedirse fue un viejo médico. Ya estaba jubilado y había sido un hombre muy amado en la congregación. Me tomó fuerte de la mano.

—Muchacho, ha demostrado valor, pero es inútil. La sociedad está aborregada, esos nazis usan la radio y el cine, los mítines multitudinarios, aquí solo venimos un puñado de viejos. Su causa está perdida. Intente que no le cierren su iglesia. Esto pasará y la cristiandad sobrevivirá.

Aquella era la tentación: mirar para otro lado, aguantar el chaparrón, pero no creía que fuera la voluntad de Dios.

—¿Como hizo Aarón en el Monte Sinaí?

—Exactamente…

El hombre se dirigió a la puerta y esta se cerró poco después dejándome con la penumbra, el frío y la soledad de aquella gran capilla.

Unos segundos más tarde, la puerta se volvió a abrir, entró un joven bien parecido, con el pelo cortado casi al cero, barbilampiño todavía. Parecía el niño de un coro angelical.

—Lo estamos observando, ya hemos visto que está luchando contra nuestro Führer. No se olvide de elegir bien el bando, dentro de poco no servirán las medias tintas. Ya hemos expulsado a varios de sus colegas de la cátedra y el púlpito. Usted viene de una prominente familia berlinesa, su padre es muy respetado y son arios. No se meta en problemas, hasta podemos pasar por alto a su cuñado judío que quiere pasar ahora por cristiano. No agite el avispero, sino a usted será al que le piquen todas la avispas. ¿Me ha comprendido? —me preguntó mientras levantaba el dedo índice.

Miré al dedo y después al hombre, que tenía una sonrisa irónica en sus finos labios.

—Le he entendido. ¡Que Dios lo bendiga!

El hombre frunció el ceño, se dio media vuelta y se marchó. Mientras volvía a quedarme a solas, pensé que la iglesia que se adaptaba al mundo ya estaba muerta. El silencio ante el mal ya es mal en estado puro. Si no actuábamos, ya lo estábamos haciendo, y si no hablábamos, nuestro silencio era mucho más elocuente que nuestras palabras.

Me cambié en la sacristía, me puse el sombrero y salí a la brillante primavera que me esperaba al otro lado. Perséfone había vuelto a escapar del Hades para que la naturaleza volviese a la vida, y nosotros también podríamos escapar del infierno del nazismo.

CAPÍTULO 6

Parar a la Bestia

Berlín, 18 de julio de 1933

A PESAR DE QUE LOS nazis estaban prohibiendo todas las asociaciones en el país, nosotros seguíamos con los «reformadores de la juventud». Muchos jóvenes seguían asistiendo a mi curso de Cristología e intentábamos influir en la elección del nuevo obispo del Reich. Yo no estaba en aquel momento, pero algunos de los miembros me contaron que la Gestapo había entrado en las oficinas y se habían llevado todas las octavillas que habíamos hecho para que saliera el candidato propuesto por la iglesia y no el que había intentado imponer Hitler.

Esa mañana, nos dirigimos a las oficinas de la Gestapo. El edificio era imponente, pero no parecía el lugar tenebroso en que se convirtió después. Me acompañaba Jacobi. El agente de la entrada nos miró algo sorprendido.

—Creo que no le he entendido bien. ¿Han venido a hablar con Rudolf Diels?

—Exacto —comentó Jacobi, que se había puesto su traje con las dos cruces de hierro que había ganado en la Gran Guerra.

El SA hizo una llamada y después le pidió a un joven que nos llevase hasta el despacho. Lo seguimos por varios pasillos hasta que entramos en un ala alejada de la que accedía normalmente el público, llamó a una puerta gruesa de madera y nos hizo pasar.

—Buenos días —nos dijo con educación, su pelo peinado hacia atrás y una leve sonrisa.

—Buenos días, perdone que lo molestemos. La iglesia evangélica alemana, como sabrá, está en plenas elecciones y sus hombres han ido a nuestras oficinas y se han llevado todas las octavillas que habíamos impreso —le expliqué mientras nos sentábamos en las sillas. La verdad es que me sentía calmado, aunque a veces no entendía de dónde sacaba aquella tranquilidad. Bueno, sí lo entendía; creo que era Dios mismo el que me la daba.

—Los Cristianos Alemanes los han denunciado por difamación y por apropiarse del nombre de iglesia evangélica; por eso hemos confiscado las octavillas. Estamos cumpliendo con la ley.

Jacobi parecía más ofuscado que yo, y por eso me dejó que continuara.

—El Führer ha prometido unas elecciones libres dentro de la iglesia. Si el problema es ese, puede comprobar que no hemos difamado a nadie. Sustituiremos el nombre, si es eso lo que les preocupa.

El nazi leyó brevemente el texto y después nos lo devolvió.

—Me parece estupendo. Diré que les devuelvan sus papeletas. Los nacionalsocialistas estamos aquí para ayudar a los ciudadanos y garantizar las leyes de la república.

Lo miré sorprendido. Estaban acorralando a todas las instituciones. Ya se habían prohibido la mayoría de los partidos al considerarlos antialemanes, o se habían disuelto dentro del NSPD.

—Muchas gracias —le dije mientras nos levantábamos, y el hombre nos estrechó la mano.

Salimos muy contentos de las oficinas de la Gestapo. Nos habían tratado con una corrección que no esperábamos, y al menos aquel hombre parecía razonable.

Unos días más tarde, Hitler se dirigió a todos los representantes de las iglesias para que votaran a favor de los candidatos que proponía él. Tras el recuento, el 70 % de los miembros elegidos en los diferentes cargos pertenecía a los Cristianos Alemanes. Habíamos perdido la partida; la iglesia ya estaba completamente a su merced.

Unos días más tarde, pedí que me concediesen un viaje de descanso a Londres. Tenía la intención de ir a la City para entrevistarme con algunos cargos anglicanos, para contarles la verdadera situación de la iglesia en Alemania.

En cuanto llegué a Londres, sabía a lo que tenía que enfrentarme. Estaban buscando un sucesor para el viejo pastor Singer. Era un puesto muy atractivo de pastoreo de la comunidad alemana en la ciudad.

Durante el primer día en Bethel, me encontré con Hildebrandt, que me preguntó cómo estaban las cosas en Alemania.

—El cerco se está estrechando, dentro de poco no habrá ni una iglesia libre en Alemania. Se han hecho varias declaraciones teológicas para denunciar la situación, pero a nadie parece importarle demasiado. Han cambiado hasta nuestra confesión de fe; ya no sabemos ni qué creemos. Lo más triste es que a la mayoría de los alemanes no le importa un bledo.

—Lo lamento mucho. El fascismo es como una mancha que se extiende por Europa y todo el mundo piensa que es mucho mejor que el comunismo, pero yo creo que son dos caras de la misma moneda. ¿Cree que una guerra de confesiones servirá para algo?

Me encogí de hombros. A esa altura, ya no sabía qué más podía hacer para cambiar las cosas.

Cuando regresé una semana más tarde a Berlín, me comentaron que se había organizado una reunión secreta de pastores y teólogos disconformes con la iglesia y su alineamiento con los nazis.

Unos días más tarde, celebramos una reunión en la Iglesia del monte Sion, y algunos de los pastores me pidieron que hablara.

—Aquí tenemos a una parte de la iglesia que sabe cuál es su deber, aunque la mayoría parece que ha caído en las garras de los nazis. Siempre me ha impresionado en los Evangelios cómo Jesús escogía a los pobres y a los enfermos antes que a los fariseos, que eran los religiosos de Su tiempo y los que, supuestamente, más conocían las Escrituras. Por eso debemos plantear una nueva confesión, esta vez conjunta, en la que todos podamos expresar nuestro desacuerdo y denunciar el alejamiento de la iglesia de las enseñanzas de Cristo —dije, mientras la mayoría de los asistentes comenzaron a aplaudir emocionados.

Me parecía increíble que nos tocase defender algunas doctrinas fundamentales que la iglesia había considerado como bases de la fe, y que una ideología política quisiera imponernos sus ideas. En aquel momento, no había comprendido todavía que el nazismo era mucho más que la ideología de un partido político; era ante todo una religión política, donde el líder se había convertido en un nuevo mesías. El pueblo era capaz de rendirle culto en las grandes ceremonias que los nazis organizaban y olvidarse de la fe de sus antepasados tan pronto.

Estuvimos trabajando varios días hasta tener terminada esta nueva confesión. En ella, refutamos todas las falsas enseñanzas de los Cristianos Alemanes. Trabajamos hasta que terminamos la confesión, destacando algunas de las doctrinas que los nazis habían intentado cambiar, como la divinidad de Cristo, Su origen judío, la exclusión del pueblo judío del pacto eterno de Dios o la importancia de la raza. No paramos hasta redactar los puntos principales y exponerlos así:

> *Las Sagradas Escrituras del Antiguo y del Nuevo Testamento son la única fuente y norma de la doctrina de la iglesia. Constituyen el testimonio total válido, autenticado por el Espíritu Santo, de que Jesús de Nazaret fue crucificado bajo Poncio Pilato, es el Cristo, el Mesías de Israel, el Rey ungido de la iglesia, el Hijo del Dios vivo.*
>
> *Rechazamos la falsa doctrina de que la cruz de Jesucristo sea considerada un símbolo de una verdad religiosa o humana generalizada [...]. La cruz de Jesucristo no es en absoluto un símbolo de algo; es más bien el acto de revelación único de Dios.*
>
> *La comunidad de aquellos que pertenecen a la iglesia no está determinada por la sangre y, por tanto, no por la raza, sino por el Espíritu Santo y el bautismo. Nos oponemos al intento de privar a la iglesia alemana evangélica de cumplir su misión mediante el intento de convertirla en una iglesia nacional de cristianos de ascendencia aria.*
>
> *Jesús (el Mesías) es miembro del pueblo de Israel, de la familia de David [...]. Todas las naciones y razas [...] son igualmente culpables de su muerte.*

Ninguna consideración cultural o política puede liberar a la Iglesia de su deber de llamar a Israel al arrepentimiento y al bautismo. Tampoco los cristianos gentiles pueden separarse de los cristianos de origen israelita, pues su comunión en la Palabra y los sacramentos es señal de que la Iglesia de Jesucristo es heredera de la promesa de Abraham. Por eso la Iglesia debe resistir toda secularización de la misión a los judíos que vea la incorporación a la Iglesia cristiana únicamente como la incorporación de los judíos a la civilización occidental.[1]

1 La Confesión de Betel (Betheler Bekenntnis) fue redactada en agosto de 1933 por Dietrich Bonhoeffer, Hermann Sasse y otros teólogos de la incipiente Iglesia Confesante. Aunque no fue oficialmente adoptada (pues luego la Declaración de Barmen la eclipsó), su texto original fue publicado en alemán bajo el título «Das Bekenntnis der Väter und die bekennende Gemeinde».

CAPÍTULO 7

Londres

Londres, 17 de octubre de 1933

LA MAYORÍA DE MIS AMIGOS y conocidos me recomendaron que me marchase unos meses fuera del país. Una de las personas que más me insistió fue mi madre, que pensaba que me estaba significando demasiado contra el régimen. Al final, seguí su consejo y me dispuse para el viaje. No quería llevarme muchas pertenencias, además de algo de ropa y mis libros.

En los últimos meses, había sufrido tanta tensión que solo me di cuenta de lo mal que estaba cuando mis pies tocaron de nuevo suelo inglés. He de confesar que me sentía como un traidor.

Me habían buscado un apartamento en Manor Mount, muy cerca de las dos congregaciones que tendría que pastorear. No quería estar muy lejos de mis feligreses. La congregación de Forest Hill se encontraba tan cerca que podía ir caminando, la de St. Paul estaba algo más retirada.

Al segundo día de estar en la ciudad, recibí una llamada de William Paton, el líder del Consejo Misionero que había organizado una velada para que conociera a George Bell, el obispo anglicano de Chichester. No lo pensé mucho antes de aceptar. Por un lado, tenía que practicar mi inglés, y además me interesaba mucho conocer al obispo.

Salí en medio de la desapacible noche londinense y me dirigí hasta la casa de George Bell.

Me había puesto un traje elegante para la ocasión; sabía que los ingleses en esas cosas eran muy cuidadosos. Mientras caminaba por las calles de la City, tan bellamente ordenadas y sin esvásticas por todos lados, respiré aliviado. No sentía la opresión que vivía cada día en Berlín. Aquel aire frío, aquella lluvia racheada que me empapaba la gabardina, en el fondo era capaz de refrescar también mi alma.

Cuando llegué a la casa de William Paton, ya estaba en la casa el obispo Bell. Nos presentaron formalmente y después nos sentamos a la mesa, que agradecí que estuviera también dispuesta. No comía nada decente desde la última visita a la casa de mis padres. Era consciente de que la comida inglesa no era la mejor del mundo, pero al menos era una sopa caliente y algo de carne asada con un buen vino francés.

—Nos alegra mucho tenerlo en Londres, no le niego que me da cierta envidia que haya jóvenes tan brillantes entre nuestros hermanos luteranos.

—Bueno, en Oxford tienen gente brillante —le contesté, mientras pensaba en C. S. Lewis.

—Sí, sin duda, buenos apologistas, pero no son teólogos.

—No sé si eso es tan bueno. El párroco de mi iglesia siempre decía que el infierno estaba lleno de teólogos.

Los dos hombres se echaron a reír.

—Sabrán el dicho sobre un científico, un matemático y un teólogo que viajaban en un tren por Escocia. Los tres miraron por la ventanillas del vagón y vieron una oveja negra. Entonces, el científico afirmó: «Al parecer, en Escocia todas las ovejas son negras». El matemático lo corrigió y dijo: «No, solo podemos decir que en Escocia hay al menos una oveja negra». A lo que el teólogo añadió tras dar un suspiro: «Hermanos, lo único que sabemos con certeza es que, en Escocia, al menos hay una oveja con un lado negro».

Los tres nos reímos a carcajadas y, por primera vez en mucho tiempo, todas mis preocupaciones parecieron disiparse de repente.

El obispo Bell era un hombre sobresaliente. Además de poeta, era biógrafo del arzobispo Randall Davidson, pero también era uno de los hombres más activos a favor del ecumenismo y la paz. Había invitado a Gandhi a Canterbury, una persona que me interesaba mucho por su lucha por los derechos del pueblo indio.

—El mundo se está volviendo más oscuro cada vez —dijo el obispo, volviendo a hacer que las nubes negras del panorama político descendieran sobre nosotros—. Me preocupa mucho lo que está sucediendo en su país, los nazis de Cristianos Alemanes nos han intentado convencer de que los cambios que Hitler quiere hacer en la iglesia de Alemania son positivos, que están en la línea del ecumenismo, pero me han llegado los textos de su confesión de fe y se me han puesto los pelos de punta. ¿Cómo puede negar un cristiano que el pueblo de Israel es el elegido por Dios o que Cristo era judío?

La pregunta del obispo era pertinente, pero demostraba que aún no había entendido el espíritu de los nazis.

—A ellos no les importa la verdad; ni siquiera creen en ella. La era de la modernidad ha terminado, la razón ha perdido su dominio por completo, todos hemos sido cómplices de destruir la moral cristiana y, al hacerlo, hemos desatado a todos los demonios del infierno. Los nazis utilizan el darwinismo social, a Nietzsche o la idea de Hegel a su antojo. Han construido un relato racista del mundo, en el que las diferentes razas deben pelear para que sobrevivan las más fuertes. Todo lo que se anteponga a esa idea para ellos no tiene validez y, de todas las razas inferiores, los nazis creen que la judía es la peor de todas, porque corrompe a la juventud y a la cultura —le dije en un esfuerzo de hacerme entender, pero después de hablar me di cuenta de que había perdido el apetito.

William carraspeó, tal vez con la intención de llevar los derroteros de la conversación por caminos menos tortuosos, pero el obispo me siguió preguntando.

—¿Por qué no hacen nada los alemanes? ¿Tan fascinados se encuentran con ese mequetrefe?

Ahora fui yo el que sonrió, intentando quitar gravedad a mis palabras, para intentar engañar al resto de mis sentidos. Había dejado mucho en mi país, además de mi alma y mi mente, que permanecían en Alemania, también todos mis sueños y anhelos. Londres era un exilio elegido, pero solo en parte.

—Los alemanes querían un salvador, y me pregunto si la culpa no es nuestra. ¿Qué tipo de cristianismo defendemos que produce tan poca esperanza? Mi hermano mayor siempre me ha dicho que la iglesia es irrelevante y está moribunda. Yo siempre le comento que para eso me he hecho teólogo, aunque cada vez tengo más dudas.

El obispo dejó los cubiertos y se cruzó de brazos.

—¿En qué podemos ayudar? —me preguntó con tanta humildad que casi me llevó a emocionarme.

—Además de la oración, que es la llave que abre todas las puertas, hable con el arzobispo de Canterbury y, si tiene oportunidad, con el mismo rey. Cada día que pasa, todo el mundo normaliza que un tipo tan extravagante y peligroso presida Alemania, y ese es el principal de los problemas.

Aquella primera cena fue importante, pero después intenté que mi vida en Londres fuera lo más normal posible, aunque no podía evitar viajar constantemente a Alemania y mantenerme informado de todo lo que pasaba allí.

Mi amigo Hildebrandt vino a pasar unos días a Inglaterra y su presencia me infundió algo de aliento. Solíamos desayunar juntos todas las mañanas, después cada uno se dedicaba a sus trabajos y comíamos juntos. Por las tardes, rara vez salíamos a pasear o al cine, pero sí convocábamos tertulias con los miembros más jóvenes de las dos congregaciones. Ellos eran nuestra última esperanza.

Aunque lo que más disfrutaba en Londres eran las acaloradas discusiones de teología con Hildebrandt. Era como poner algo de levedad a todos aquellos asuntos graves que golpeaban nuestra cabeza.

Müller debió pensar que si me alejaba de Berlín el grupo disidente se debilitaría, pero mi trabajo en Londres fue incesante. Sobre todo, quería que la iglesia de Inglaterra descubriese la gravedad de lo que estaba sucediendo.

El pastor Julius Rieger, que llevaba adelante la congregación de St. George junto al obispo Bell, organizó toda una red de protección para sacar a los pastores cuando se encontraran en peligro en Alemania, y además me ayudaron a preparar las bases de una iglesia independiente de la oficial creada por Hitler en Alemania.

Aquella tarde, me llegaron noticias de las persecuciones de los pastores. Desde principios de enero de 1934 habían intentado manifestarse enfrente de la catedral de Berlín, pero Müller lo había impedido advirtiendo a las autoridades.

El viejo presidente Hindenburg, al que muchos veíamos como un cadáver político y también físico, medió para que los pastores intentaran llegar a acuerdos. Niemöller acudió a la reunión del 17 de enero, pero aquella olía a la misma trampa que el emperador Carlos V había lanzado a Lutero en Worms. Müller quitó el famoso «párrafo ario» que había dividido a la iglesia, pero en el fondo lo único que estaba haciendo era ganar tiempo.

—No creo ni una palabra —dije, mientras dejaba la carta sobre la mesita.

Mi amigo Hildebrandt me miró sorprendido. Él era mucho más optimista que yo.

—Puede que a Hitler no le interese tanto manipular a las iglesias.

Miré el té frío que me había preparado unos minutos antes y al final me decidí a tomarlo, aunque en el fondo lo que deseaba era regresar a Alemania antes de que las cosas se complicaran más.

—Hitler quiere controlar a las iglesias, eso te lo aseguro. Ya lo hace con los partidos, el parlamento, los jueces y casi todas las instituciones. El último contrapoder que le queda es la iglesia evangélica y la católica. El concordato ha contentado a los católicos, pero con nosotros tiene un problema. En el fondo, es la religión oficial del Estado y los únicos que intentamos guardar cierta moral que los nazis aborrecen. Cuando terminen con los últimos prejuicios de los alemanes, se lanzarán contra todos los que no encajen en su esquema mental. Te digo que, desde el comienzo del cristianismo, no se va a desatar otra lucha igual contra los cristianos.

Mi amigo arqueó los cejas. No le gustaba descender de su mundo ideal, donde la teología parecía flotar y las preocupaciones mundanas no llegaban nunca.

—Lo único necesario para que los nazis triunfen es que nadie intente hacer nada para impedirlo. Nosotros somos la última esperanza para Alemania.

Hildebrandt entendía lo que decía, pero no quería pensar más en ello. En el fondo, tenía la misma actitud que la mayoría de nuestros compatriotas.

—Me siento como Jeremías. Lo más fácil es huir, quedarse aquí, no meterse en problemas, pero él denunció las injusticias de su tiempo y pagó un precio muy alto. Era el hazmerreír de toda su generación y fue tomado por loco, aunque lo que realmente le sucedía era que no pudo escapar de Dios.

—Por eso dice que Dios lo sedujo, que fue más fuerte que él y lo venció —parafraseó mi amigo.

Aquellas palabras sacudieron mi corazón afligido. Mi cuerpo y mi mente me pedían que me callara, que me salvara a mí mismo, pero Dios ya me había seducido y no hay nada más grande que Su amor puesto en acción.

CAPÍTULO 8

Iglesia Confesante

Barmen, 29 de mayo de 1933

NUNCA PENSÉ QUE REGRESARÍA A Alemania para dividir a su iglesia. Dios, que dijo que solo conocería el mundo que somos de Él si nos amábamos unos a otros y éramos uno, ahora veía que la iglesia se dividía, pero ninguno de nosotros vio otra salida. Había dejado en Londres el trabajo para ayudar a los refugiados que había creado junto al pastor Julius Rieger.

Estábamos reunidos en Barmen todos los pastores de la Liga de Emergencia de Pastores, para fundar una nueva iglesia que se basara en las Escrituras. El texto principal lo había creado mi viejo amigo, Karl Barth, y en él se veía sin duda su letra ágil y directa. Sabíamos que el camino no iba a ser fácil, pero no nos quedaban muchas más opciones.

Tras lanzar la Declaración de Barmen, vimos que las autoridades alemanas optaron por ignorarla. Su estrategia consistía en convertirnos en invisibles, por eso el obispo Bell, que continuaba ayudándonos desde Inglaterra, logró que se publicara en el Times, para que Hitler y sus secuaces tuvieran que reaccionar.

Una de las cosas que intentamos que quedara clara era que nosotros, la Iglesia Confesante, no nos escindíamos de la Iglesia luterana en Alemania, sino que era ella la que había dejado la verdadera fe.

Mientras nosotros luchábamos para que la iglesia regresara a su verdadero camino, los nazis estaban deshaciéndose del lastre. El ejército estaba muy descontento con las SA por su radicalismo y su intento de sustituir al ejército, por eso Hitler organizó una matanza de sus principales líderes.

Aquellos hechos terribles de finales de junio nos horrorizaron a todos, aún no habíamos comprendido de lo que eran capaces los nazis. Ellos no se limitaban a leyes o normas. Si habían sido capaces de eliminar a sus antiguos camaradas, ¿qué podrían hacernos a nosotros?

Mientras Alemania comenzaba a ser consciente de que había entregado el poder a un dictador, Hitler ordenaba en Austria el asesinato del canciller Engelbert Dollfuss. La última pieza en caer fue el presidente Hindenburg, que era el único que tenía poder para destituir a Hitler.

Después de varios viajes por Alemania, fui a ver a mi hermana a Gotinga. No sabía qué esperaba encontrar, pero me sorprendió el estado de nervios de Sabine y el resto de la familia.

Las hijas de mi hermana, Marianne y Cristiane, tenían que soportar todo tipo de vejaciones por tener un padre de origen judío. Todos los domingos los nazis caminaban por la calle lanzando proclamas contra los judíos.

—No sé cuánto podremos soportarlo —me dijo entre lágrimas.

—Sabes que estamos refugiando a mucha gente en Londres —le comenté, pero ella frunció el ceño y me contestó:

—Nosotros somos alemanes, este es nuestro país, no hemos hecho nada malo. ¿Por qué tenemos que irnos?

Su lógica era aplastante, pero en los tiempos que corrían, la lógica no parecía tener demasiada importancia en la mente de esos animales que lo único que tenían era sed de poder y violencia.

CAPÍTULO 9

El regreso

Londres, 1 de septiembre de 1934

LONDRES ME PARECIÓ EL PARAÍSO. Después de haber pasado tanto tiempo en Alemania, a veces me costaba entender qué tan cerca el mundo parecía descomponerse a toda velocidad, mientras en Inglaterra la mayoría de la gente permanecía indiferente a aquella transformación, como si la suerte del continente no les incumbiera.

Mientras intentaba relajarme un poco leyendo, Hildebrandt llamó a mi puerta y me dijo que había llegado Jacobi. Fruncí el ceño, aquel era uno de mis pocos momentos de paz.

—Espera que me ponga el batín —le contesté. Después cerré el libro y me dirigí al salón.

Jacobi me saludó y después nos sentamos a tomar el té. Los dos hombres me miraron mientras el humo salía de las tazas; tomé unas pastas y comencé a devorarlas. La comida era casi lo único que me tranquilizaba, por eso estaba subiendo algo de peso.

—Sabemos que planeabas ir a la India para conocer a Gandhi, pero creemos que en Alemania te necesitan más.

Las palabras de mi amigo casi hicieron que me atragantase.

—¿Qué? —le pregunté sorprendido.

—La Iglesia Confesante necesita seminarios propios, centros de estudio teológico; ya sabes que los nazis dominan todos los oficiales. ¿Qué tipo de pastores van a salir de ellos?

Me encogí de hombros, como si no quisiera entender lo que me proponían.

—¿Qué puedo hacer yo?

—Bueno, es muy sencillo. La Iglesia Confesante está creando un seminario y quiere que tú lo dirijas —dijo Jacobi.

Había enseñado en la universidad y en seminarios antes, pero dirigir un centro de teología en medio de las presiones de los nazis era algo diferente. No sabía si estaba preparado para algo así. Ya me había expuesto demasiado delante de las autoridades nazis, mi familia estaba preocupada y con razón, ya sabíamos de qué eran capaces ellos.

Alemania significaba morir a mí mismo, tomar la cruz de Jesús cada día. Sabía que no podíamos vencer el mal con mera religión; aquella era una profunda guerra espiritual, como no había combatido la iglesia desde hacía siglos.

—No estoy seguro de estar preparado; nunca me he visto como un mártir —les contesté, aunque me avergonzara de mis palabras, pero era cierto, me consideraba un hombre corriente, no un héroe.

No tomé la decisión en aquel momento. Debía meditar y orar por el tema, aunque en el fondo sabía cuál era mi deber.

Unos días más tarde, el 23 de septiembre, se produjo la proclamación de Johann Müller. Era consagrado como el representante de la iglesia alemana, rompiendo todas las reglas de la Iglesia Evangélica de Alemania y entregándosela en bandeja a los nazis.

Unos días más tarde, mi amigo Franz Hildebrandt, que estaba en Berlín, me mandó una postal en la que solo estaba escrita la cita de Lucas 14:11. Aquel famoso texto que Jesús había dirigido a los fariseos no podía ser más contundente y describir mejor la traición de Müller. El versículo avisaba que cualquiera que se enaltece será humillado y el que se humilla será enaltecido. Desde aquel momento, decidí que, mientras otros parecían disfrutar su enaltecimiento, yo intentaría humillarme a mí mismo, tomar mis pocos enseres y dirigir un seminario en Alemania.

Después de hacer una gira por varias iglesias de Gran Bretaña, me dirigí de nuevo a mi tierra. Quedaba mucho trabajo por hacer, pero al menos veintitrés jóvenes querían entrar a estudiar en el nuevo seminario.

Me parecía extraño vivir de nuevo en Berlín. Todavía el invierno parecía dominar la ciudad, pero nosotros intentábamos que llegara una pequeña primavera, tan insignificante que apenas nadie se daría cuenta por el momento.

Mi amigo Franz Hildebrandt y yo tomamos el coche y comenzamos a buscar una buena ubicación para el nuevo seminario. Comenzamos por el distrito de Brandeburg, pero tras varias horas regresamos frustrados. Repetimos la operación varias veces, pero sin conseguir nada.

Unos días más tarde, nos ofrecieron las viejas oficinas de Burkhardt House. No era como el sitio que nos habíamos imaginado, pero al menos podríamos empezar cuanto antes. Sin embargo,

Dios siempre parece dispuesto a sorprendernos. En abril, nos ofrecieron el centro de campamentos Escuela Bíblica Rhineland, en plena costa báltica, que estaba vacío hasta el 14 de julio. Estaba en plenas dunas, enfrente de la playa, era un grupo de cabañas mal acondicionadas para el invierno, pero no lo dudamos y nos llevamos allí a todos los estudiantes.

En abril de 1935, nos dirigimos a Zingst con una ilusión tan inocente, que tan solo podía provenir del cielo. Martin Niemöller me mandó como ayudante a Willhelm Rott. No me vendría mal su ayuda, aunque yo sabía por qué lo enviaba en realidad. No se fiaba mucho de mis ideas teológicas y sabía que era muy capaz de divagar y confundir a los seminaristas, pero aquella era la única forma en la que yo comprendía la teología. Un diálogo continuo y directo con Dios, para mí. La teología cristiana siempre comenzaba con una sorpresa, que Dios mismo se había dirigido al hombre y que quería mantener un diálogo con él.

—¿Cómo quieres enfocar el seminario? —me preguntó Rott. Sus palabras me pillaron por sorpresa.

—Bueno —titubeé, mientras intentaba trazar un plan en mi mente—. Yo lo veo como una orden monástica que aspira a vivir el mensaje que Jesús anunció en Su Sermón del Monte.

El hombre me miró intrigado. Ya le habían advertido de mis ideas un poco extravagantes.

—No lo entiendo.

—No quiero que sean estudiantes de teología, sino discípulos de Cristo; es lo que Alemania necesita. No creo que un teólogo sea capaz de morir por su país, pero sí un discípulo.

Rott me miró sorprendido, pero vi en sus ojos cierto entusiasmo.

—Dejemos que nos guíe el Espíritu Santo.

La mayoría de los ordenantes venían de Sajonia. Antes iban al seminario de Wittemberg, pero ante el devenir de la iglesia, habían dejado sus estudios. Aquel hecho no me pareció casual, de nuevo los sajones iban a intentar transformar a la iglesia.

Unos días más tarde, ya habíamos empezado nuestras rutinas. Comenzábamos el día con un desayuno frugal, después oración y clases, para pasar a un almuerzo rápido, descanso, fútbol y por la tarde más clases.

Una de las primeras tardes, cuando parecía que vivíamos literalmente en una nube, llegó un nuevo estudiante. Me llamó *Herr Direktor* y lo corregí; le pedí que me llamara hermano.

Caminamos por la playa mientras me contaba qué lo había traído a estudiar con nosotros. Se llamaba Eberhard Bethge y nos hicimos muy buenos amigos.

Cuando llegó el verano, tuvimos que buscar otro lugar para alojarnos. Barajamos varios hasta que nos ofrecieron la antigua finca von Katte de Finkenwalde, en Pomerania. Aquel sitio no era tan bonito; detrás de la mansión medio derruida había una gravera. Nadie quería aquel lugar, pero nosotros lo convertimos en nuestro pequeño paraíso.

Durante aquellos meses inolvidables, cantábamos mucho, leíamos las Escrituras y hacíamos todo para la edificación. A algunos estudiantes no les gustaba el trabajo duro, tampoco que estuviera prohibido hablar de cualquiera cuando este se encontrara ausente. Además, no les gustaban los interminables servicios, en especial el último antes de dormir que duraba a veces tres horas, pero yo los estaba preparando para la guerra, una que sería tan dura y difícil que muchos de nosotros podríamos padecer en el intento.

La vida transcurría lenta y placentera, pero el calendario seguía avanzando y la sombra de Hitler quería extenderse poco a poco al resto del mundo, como una inmensa mancha de aceite negro y espeso que lo devoraba todo.

CAPÍTULO 10

La mujer más hermosa

Pomerania, 4 de septiembre de 1935

POMERANIA ERA UN LUGAR ENCANTADOR. Allí conocí a familias muy importantes, que más que por sus apellidos, me impresionaron por su amor a la fe y su lucha contra el nazismo. Siempre había guardado algunos prejuicios contra las personas provincianas, como si al ser más conservadoras no fueran conscientes de los cambios que había experimentado el mundo en los últimos años, pero estaba completamente equivocado. No es que desconocieran los cambios que se habían producido en el mundo, sino que no los aprobaban, o al menos aquellos que estaban convirtiendo Europa en un lugar absolutamente insoportable.

Mi primer contacto con estas familias prominentes fue para recaudar dinero para el seminario. A pesar de nuestra vida frugal, alimentar a más de veinticinco hombres no era barato. Así conocí a Ruth von Kleist-Retzow, que casualmente cumplía años el mismo día que yo.

—¡No lo puedo creer! ¡Qué casualidad! —bromeé a la dama que, a pesar de sus años, se conservaba aún hermosa.

—Me imagino que, cuando observa este cuerpo viejo y caduco, le cuesta imaginar que fui joven y alegre alguna vez. En el palacio de mi padre hice muchas travesuras, aun cuando era gobernador. A los quince años, me enamoré de mi esposo Jurgen von Kleist y lo dejé todo por él, pero muy pronto me quedé viuda, con apenas veintinueve años. ¡Qué triste es perder al amor de tu vida tan pronto!

—Lo lamento mucho —le dije a la amable dama. A pesar de que era la primera vez que la veía, me sentía como en casa.

—¿No sería tan amable de predicar en la capilla del pueblo? Nuestro párroco es un hombre sencillo, pero creo que la gente apreciaría sus palabras.

—Creo que no soy un gran predicador, pero si puedo servir en algo al pequeño rebaño de este pueblo, sin duda lo haré. Seguro que no están tan contaminados por el nazismo como en la ciudad.

La mujer se encogió de hombros y después dio un largo suspiro.

—Esas víboras están por todas partes. Son como un ejército de resentidos que desean destruir todo lo noble y bueno que tiene este mundo. Su predicación puede hacernos mucho bien.

El domingo siguiente, prediqué en la pequeña capilla, delante de media centena de feligreses, en su mayoría mujeres de cierta edad, pero también algún hombre y unos pocos adolescentes.

Ruth se había sentado en primera fila. Antes habían cantado todos mis alumnos, que llenaban gran parte de la capilla. Cuando subí al púlpito, pude ver las lágrimas en los ojos de algunas de las asistentes.

—Todos buscamos la bendición de Aarón que la Biblia narra en el libro de los Números, capítulo 6 , versos 24 al 26. «Jehová te bendiga, y te guarde; Jehová haga resplandecer su rostro sobre ti, y tenga de ti misericordia; Jehová alce sobre ti su rostro, y ponga en ti paz». Dios es el que nos guarda en medio de este mar de incertidumbre. Puede que tengamos a veces la sensación de que no tiene el control, pero sigue teniéndolo; Él no puede negarse a sí mismo. Dios ilumina nuestro camino como una lámpara, pero las viejas lámparas de aceite no alumbraban mucho de noche, apenas un par de pasos más del camino. Querríamos saber más, pero seguramente no podríamos soportar tanta verdad. Jesús prometió que Él era la luz del mundo y que todo aquel que lo siguiera no andaría en tinieblas.

Tras el sermón, Ruth nos invitó a su casa, y comimos todos en el jardín. Aquel día fue muy soleado, como si el verano estuviera deseoso de llegar, aunque estuviéramos todavía en otoño. Sus nietos la amaban y siempre estaban a su alrededor: Spes, Hans, Max y su hermana María. La pequeña apenas tenía en aquel momento doce años; jamás podría haber imaginado que seis años más tarde se convertiría en mi prometida.

—Los nazis dicen que ellos son el futuro —me dijo Spes. Después señaló al resto de comensales, que todavía estaban sentados en la mesa en forma de U—. ¿Cuál es el futuro de todos ellos?

Aquella pregunta me sacudió. Los nazis parecían tener todas las respuestas, como les suele pasar a los necios, mientras que los hombres sabios siempre están agobiados por las dudas.

—El futuro está aquí. Cuando la tormenta del nazismo pase y haya destrozado todo, ellos serán los que reconstruirán Alemania.

La tormenta llegó, pero con una virulencia que ninguno de nosotros habríamos imaginado. Aquella maquinaria del mal que era el nazismo no hizo sino crecer hasta devorar todo a su paso, alimentándose de cientos de miles de vidas, bebiendo la sangre de la juventud alemana hasta quedar saciada, como en una terrible bacanal, en la que los viejos dioses paganos parecieron vengarse de todos aquellos años de olvido.

SEGUNDA PARTE:

DE RODILLAS ANTE CRISTO

CAPÍTULO 11

Suecia

Suecia, 1 de marzo de 1936

UN MES ANTES, HABÍA CUMPLIDO treinta años, y me encontraba en una pequeña depresión. A pesar de que mi trabajo en el seminario absorbía todo mi tiempo, muchas veces tenía la sensación de que estaba luchando contra Goliat. ¿Para qué servía preparar a un puñado de personas, cuando la mayoría de los alemanes seguían ciegamente a Hitler?

Dios me dio un gran regalo apenas un mes más tarde. El día de mi cumpleaños, mis alumnos y amigos me propusieron que les regalase un viaje a Suecia. Por aquel entonces, ya había comprendido que el dinero para mí era basura y saqué los billetes, sin saber que aquel viaje nos cambiaría la vida a todos.

Me había puesto en contacto con mis amigos en Dinamarca y Suecia, pero intenté que el obispo Heckel no se enterara, para que no intentara impedir el viaje. Lo último que deseaba la iglesia oficial era que se diera publicidad a la disidente.

Mientras esperábamos en el puerto de Stettin, podía ver la ilusión que tenían todos por el viaje; para ellos, era como una aventura. Salir de Alemania en aquellos días era una especie de liberación, una bocanada de aire puro.

En Suecia, fuimos recibidos como héroes. Muchos suecos creían que Hitler pretendía ser también el papa de Alemania, por eso para ellos, nosotros representábamos la libertad.

El día 6, nos recibió el príncipe Víctor de Wied, pero no fue algo muy agradable.

—Príncipe —le dije, tras una breve inclinación.

El hombre frunció el ceño y después miró a los sonrientes alumnos, que parecían un grupo de colegiales.

—Me imaginaba algo más potente. Usted es un hombre corriente y ellos unos muchachos —dijo el hombre de una forma tan adusta que pareció secar todo el ambiente de repente.

—Solo somos discípulos de Jesús —le contesté. Después, observé el retrato del Führer en una de las paredes de la habitación.

—¿Discípulos de Jesús? Tienen a un gran hombre en Alemania, alguien que está defendiendo al mundo de los bolcheviques. Todos ustedes son unos imprudentes, Alemania está despertando y nada lo impedirá —dijo el hombre mirando al resto del grupo.

—La Verdad es como un león rugiente; no necesita que nadie la defienda. Si la dejamos libre, ella misma se lanzará contra la mentira. Ese hombre al que tanto admira está destruyendo el mundo, no cambiándolo. Es la muestra misma de todo lo malo que hay en el hombre.

—Regresen a su tierra y dejen de molestar a los ciudadanos de mi país. Lo mejor que puede pasarnos es que la Providencia nos dé también a nosotros un Adolf Hitler.

Salimos del salón algo decepcionados. Después de la visita, la prensa sueca comenzó a hablar mal de nosotros. El obispo Heckel había escrito a todo el mundo para quejarse de nuestra visita y me había colocado en el centro de la diana de los nazis.

Cuando regresamos a Alemania, me encontré que me habían prohibido enseñar en las universidades alemanas. Al principio, me dolió aquella injusticia; mi ego herido parecía rebelarse. Después comprendí que era un honor. Unos meses más tarde, a mi cuñado Gerhard también se lo prohibieron por las leyes racistas de Nuremberg.

Unas semanas más tarde, logré dar mi última conferencia y la publiqué. Contra todo pronóstico, fue uno de los libros más leídos en los círculos cristianos. En el breve librito, me hacía una pregunta que estaba en boca de todo el mundo en aquel momento: *¿Qué es la iglesia?*

Tras la salida de las leyes de Nuremberg, algunos de mis compañeros me comentaron que estaban preparando una respuesta de la Iglesia Confesante contra las leyes racistas del Tercer Reich. Me enseñaron el documento y me di cuenta de que era muy abierto, para que Hitler se pudiera pronunciar sobre algunas cuestiones fundamentales. Ya llevaba tres años en el poder, pero aún no había logrado asfixiar al espíritu alemán por completo.

El documento era privado, pero alguien lo filtró en julio, justo cuando las olimpiadas estaban a punto de comenzar. Hitler las había organizado para limpiar su imagen ante el mundo, pero el documento sacaba a la luz todas sus políticas antisemitas, su crueldad y narcisismo.

Unos días después, llegaron noticias terribles desde mi amada España. La lucha política en la que estaba envuelta toda Europa se había desatado en mi amada España de una forma terrible. El primer campo de batalla entre el fascismo y el comunismo estaba servido, y a los españoles les tocaba pagar el precio.

CAPÍTULO 12

España

Berlín, 14 de julio de 1936

EL TIEMPO HABÍA PASADO TAN rápido que parecía que mi estancia en España había sido hacía siglos, pero solo habían pasado ocho años. Había servido recién terminada la facultad como pastor auxiliar en Barcelona. Habían sido casi dos años muy felices, y había experimentado por primera vez lo que era la libertad y la independencia, pero sobre todo, había conocido a un pueblo maravilloso, alegre y vital.

Mientras Alemania se engalanaba para convertir a Berlín en el escaparate del nazismo, España comenzaba a desgarrarse entre las bombas.

Mandé algunas cartas a mis viejos amigos, pero ninguna debió llegar a su destino.

Mientras los nazis organizaban sus olimpiadas y parecían menos propensos a perseguir a los disidentes, nosotros aprovechamos para incluir en el programa de la iglesia de St. Paul algunas conferencias. Para nuestra sorpresa, la sala se llenó hasta los topes. Creíamos que la popularidad del nazismo comenzaba a declinar;

aunque la vida de los alemanes había mejorado notablemente, mucha gente comenzaba a cansarse de la propaganda constante de los nazis.

Mientras los atletas norteamericanos humillaban a Hitler, para regocijo de mucha gente, nosotros intentábamos despertar al mayor número de personas posible, pero una vez más, todo aquel inmenso esfuerzo apenas daba algo de fruto.

En otoño, Müller escribió y difundió un panfleto titulado *Palabras alemanas de Dios*. En el escrito, el obispo para el Reich se atrevió incluso a cambiar las Bienaventuranzas por otras más acordes con el pueblo alemán, en un ejercicio impúdico y blasfemo.

Mi amigo Bethge me leyó algunas de ellas:

—«Bienaventurado el que observa siempre la buena camaradería. Se llevará bien con el mundo». ¿No te parece patético?

A aquellas alturas, ya no me sorprendía nada de los nazis ni de los Cristianos Alemanes.

—Dentro de poco, escribirán una nueva Biblia —le dije a mi amigo.

—Los Testigos de Jehová la han reescrito en buena parte, y los mormones hicieron una paralela con su Libro del Mormón, no me extrañaría que Müller hiciera algo parecido.

Mientras los nazis celebraban sus fastos olímpicos, nos comenzaron a llegar casos de pastores apaleados en diferentes partes del país. Primero un joven pastor de la provincia de Brandeburgo, que era de origen judío; después la detención del pastor Johannes Pecinas y más tarde la detención de Werner Koch en un campo de concentración. Los nazis habían perdido ya el respeto a los hábitos y los alemanes no parecían muy dispuestos a frenarlos.

Tras una conferencia en Francia, decidí pasar unos días en Italia para olvidarme un poco de toda aquella presión, que ya se me hacía insoportable. Unos días más tarde, regresé a Alemania, después de ver a algunos amigos en Zúrich, pero no logré encontrarme con Karl Barth.

CAPÍTULO 13

El rostro del demonio

Berlín, 27 de junio de 1937

TRAS LAS OLIMPIADAS, CUANDO ALEMANIA dejó de estar en el punto de mira y como si los nazis creyeran que ya era una fruta madura, comenzaron a desatar su furia contra cualquier tipo de disidencia. En la primera mitad del año, más de 800 pastores y líderes habían sido encarcelados o arrestados. Creíamos que estábamos preparados para la ola de persecuciones que se estaba desatando, pero no lo estábamos. Muchos dejaban de asistir a las iglesias, otros entraban en los Cristianos Alemanes para que los dejaran de perseguir.

Me acuerdo de cuando asistí al último sermón de Martin Niemöller, uno de los mejores y más valientes predicadores de Alemania.

Aquel día, se había reunido mucha gente en la capilla, aunque todos sabíamos que aquello era en sí mismo un acto de heroísmo.

Niemöller se subió al púlpito sin titubeos, aunque era tan consciente como el resto de que entre los presentes había muchos espías.

«¡Queridos hermanos! Muchos pensarán qué tiempos tan terribles nos ha tocado vivir, pero en cambio, estamos viviendo tiempos emocionantes. Muchos creerán que ahora que se arremete contra nosotros, como ya se ha hecho contra otros muchos, intentaremos oponer resistencia, pero no lo haremos, como tampoco lo hicieron los apóstoles en el primer siglo. Eso no quiere decir que nos quedaremos callados. Cuando los apóstoles fueron amenazados, Pedro les preguntó a las autoridades si era prudente obedecer a los hombres antes que a Dios. ¡No nos quedaremos en silencio!».

La congregación dio un largo y profundo: «¡Amén!».

«Debemos obedecer a Dios antes que a los hombres…».

Unos días más tarde, Niemöller fue arrestado, y muchos otros dejaron de predicar por temor a las represalias.

Nos reunimos algunos de los pastores principales para analizar la situación. Sabíamos que no podíamos pedir más a los hermanos y que cada uno tenía que actuar según su conciencia. Cuando llegamos a la casa de Niemöller, solo estaban las esposas de otros pastores.

—¿Qué vamos a hacer? —me preguntó angustiado Bethge.

—No lo sé, para esto no me adiestraron en el seminario —bromeé, aunque todos estábamos muy preocupados.

—Creo que es el momento de que cerremos nuestras iglesias —dijo Hildebrandt. Su comentario me sorprendió; era uno de los hombres más valientes que conocía.

—¿Esa es la solución? El ejemplo de Niemöller debería habernos inspirado más que intimidarnos —le contesté.

—No me he explicado bien. Creo que deberíamos tener nuestras iglesias de forma clandestina, para no hacérselo tan fácil a los nazis.

—¿Clandestina? La iglesia de Cristo no se esconde. ¿Cómo vamos a poner la luz debajo de una mesa? La sal tiene que estar donde se pudre la carne —dijo Bethge.

Escuchamos varios coches que aparcaban en la calle y nos asustamos. Aquella era una zona residencial por la que pasaban muy pocos vehículos.

Nos pusimos en guardia y corrimos hacia la puerta trasera, pero un oficial de las SS nos cortó el paso. Era Herr Höhle, un oficial de la policía secreta que estaba encargado de perseguir a la Iglesia Confesante.

Estuvimos siete horas esperando mientras la Gestapo registraba la casa. Los nazis descubrieron en una caja fuerte detrás de un cuadro una gran suma de dinero que se usaba para la Liga de Emergencia de los Pastores.

Todas las personas que fueron llegando a la casa fueron detenidas; entre ellas, mis padres, que habían ido a ver qué sucedía, pero ninguno de nosotros acabó en la cárcel.

Niemöller fue condenado a ocho meses de cárcel, pero el mismo día de su liberación fue detenido de nuevo, para darnos una lección a todos.

Mi amigo Hildebrandt pareció armarse de tanto valor que sustituyó a Niemöller en sus predicaciones incendiarias, pero él era de origen judío, y unas semanas más tarde, me reuní con él en su casa.

—Tienes que irte —le comenté, a pesar de que no quería por nada del mundo separarme de alguien tan valioso para la causa, y tan buen amigo.

—No puedo irme. ¡Me necesitan!

—Eres de origen judío y van a ir a buscarte.

Unos días más tarde, mientras estaba oficiando, se subió al púlpito y comenzó a pedir oración por los pastores encarcelados, algo que había prohibido el gobierno.

Justo estaba en medio del sermón, cuando varios miembros de la Gestapo se subieron a detenerlo. La multitud comenzó a abuchearlos, pero continuaron con el detenido hasta el coche. Cuando lo introdujeron, ya la multitud había rodeado el coche. Los agentes nazis les pidieron que se apartasen, pero estos se negaron.

Los agentes de la Gestapo parecían sorprendidos. Estaban acostumbrados a hacer su trabajo en las sombras, pero ahora que los seguían y abucheaban, no parecían tan valientes. Al final, optaron por llevárselo a pie hasta su cuartel general en la Alexanderplatz.

En cuanto me enteré de lo sucedido, llamé a mi padre, para que hablase con alguno de sus contactos. Unos días más tarde, gracias a la intermediación de Hans von Dohnanyi, fue puesto en libertad.

Fui a buscarlo en mi Audi y nos dirigimos de inmediato a la frontera con Suiza. Desde allí planeaba tomar un avión para Londres.

—Gracias por recogerme. Ya demasiado arriesgas con todo lo que haces.

—Para eso están los amigos —le contesté. Después estuvimos como dos amigos que se van de viaje. Afortunadamente, nadie nos detuvo en el camino; al fin y al cabo, los dos teníamos los papeles en regla.

—¿Por qué no te vienes conmigo? —me preguntó de improviso.

—Bueno, tal vez más adelante. Tengo aquí a toda mi familia, luego están los chicos del seminario y después la gente. Somos sus pastores… ¿qué harán si los abandonamos? Serán como ovejas sin pastor —le contesté muy serio, aunque le agradecía su ofrecimiento.

—Entonces, por eso mismo, yo no debería irme.

—Es distinto. Si acabas en una cárcel de nuevo, esa gente no dudará en darte un tiro; para ellos, eres un judío.

El hombre asintió con la cabeza, parecía emocionado.

—Hemos vivido tantas cosas juntos, me entristece mucho dejarte aquí. No sé qué va a pasar. Hitler parece cada vez más envalentonado.

Al llegar a la frontera, me bajé del coche y nos dimos un abrazo.

—¡Cuídate! Saluda a Julius, al obispo Bell y al resto, seguro que harás un magnífico trabajo en St. George.

—Tú no arriesgues demasiado. Esos tipos son capaces de cualquier cosa por hacerte callar.

—Ya lo han intentado más veces —le dije sonriente, aunque por dentro la pena parecía atenazarme el corazón.

El hombre cruzó la frontera. Me parecía mentira que una simple línea en el suelo pudiera salvarte del peligro, pero ese era el juego al que parecíamos jugar los seres humanos. El mundo siempre desea vencer con la fuerza, pero Dios siempre se perfecciona en la debilidad. Me subí de nuevo al coche y, mientras regresaba a Berlín, no podía dejar de pensar en las palabras de mi amigo. Sabía que el que vence a los demás es fuerte, pero la verdadera fuerza se encontraba en lograr dominarse a uno mismo.

CAPÍTULO 14

El fin del seminario

Königssee, 12 de agosto de 1937

LA VALENTÍA DEL PUEBLO DE Dios me sorprendió. Unos días antes, en un culto de intercesión, la policía acordonó la zona y ordenó a los feligreses que abandonasen la iglesia, pero como estos se negaron, 200 personas fueron detenidas y enviadas a las oficinas de la Gestapo.

Yo estaba en Finkenwalde para cerrar el seminario hasta el próximo curso y corrigiendo los últimos detalles de mi libro *El precio de la gracia.* La idea se me había ocurrido cinco años antes, pero no había tenido tiempo para escribir. Tenía la sensación de que la vida me llevaba, como una especie de río embravecido.

El precio de la gracia era un estudio sobre el Sermón del Monte. Siempre había reflexionado sobre este tema, uno de los más trascendentes dentro del protestantismo y, tal vez, uno de los menos entendidos.

La mayoría de la gente pensaba que la gracia era algo gratuito, lo que la convertía en algo barato. El cristianismo sin sacrificio, que muestra una fe superficial y la falta de conversión, frente a la gracia costosa, el seguimiento de Cristo, aunque costara sacrificio o muerte.

Mientras terminaba las últimas páginas del libro me di cuenta de que en el fondo no había entendido el precio de la gracia hasta aquellos últimos años. Seguir a Cristo era mucho más que simplemente conocer una doctrina o unos dogmas; era pagar un precio y dejarlo todo como hicieron los primeros discípulos.

Mientras escribía algunas de las frases, sentía que me golpeaban en el alma. «Cuando Cristo llama a un hombre le dice: "Ven y muere"».

Al releer mis propias palabras, comencé a llorar y me puse de rodillas.

«Señor, soy un cobarde. Tengo mucho miedo, no sé si seré capaz de morir por ti. Me temo que en el fondo soy como los discípulos que huyeron al ver cómo los judíos te encarcelaban. No quiero perdón sin arrepentimiento, bautismo sin disciplina, comunión sin confesión ni absolución si no eres tú el que absuelve».

Al día siguiente, nos fuimos Bethge y yo hacia los Alpes. La idea era estar en algunos pueblos y hacer largas marchas por el monte. En una de las primeras, comenzamos a hablar de cómo las cosas habían cambiado en los últimos años.

—Ya no somos tan alegres como antes —dijo mi amigo, mientras yo intentaba no fatigarme demasiado con la marcha.

—Imagino que llevamos las heridas de todos los que han sufrido a nuestro alrededor.

—El apóstol Pablo nos anima a estar siempre gozosos. Además, escribió sobre este tema desde la cárcel. Creo que aún no hemos entendido algunas cosas del evangelio.

Lo miré y aproveché para detenerme y descansar un poco. Aquel entorno idílico me hizo olvidar todos los problemas que cada día nos atenazaban con más fuerza.

—Pues pidamos a Dios que nos devuelva el gozo de Su salvación.

—Me parece una excelente idea. ¿Crees que es una cuestión de pedir nada más?

Negué con la cabeza. Después me senté en una piedra y descansé un poco.

—No, creo que también es perspectiva. Cuando estamos en la cima, podemos ver muy lejos y con mucha claridad, pero en el valle tenemos una perspectiva mucho más limitada. Ser cristiano significa vivir al borde mismo de la eternidad.

—No te entiendo —dijo mi amigo, mientras se quitaba la mochila y la dejaba en el suelo.

—Vivir al borde de la eternidad es comprender que la vida es solo un brevísimo preámbulo de todo lo que nos espera, pero vivimos como si solo existiera esta vida.

Después de la caminata y una buena ducha, nos dormimos enseguida. Al día siguiente, íbamos a ver a mi hermana en Gotinga.

Sabine, Gerhard y las niñas nos recibieron con mucho cariño. Nos alojamos en su casa y pudimos reír y disfrutar del tiempo en familia.

Estábamos en el último día de nuestro viaje antes de regresar a Berlín para pasar unos días con mis padres, cuando recibí una llamada telefónica.

—¿Dietrich Bonhoeffer? —preguntaron, y mi hermana me pasó el teléfono.

—Dígame —contesté algo nervioso. Para que me hubieran intentado localizar en los Alpes, debía tratarse de algo importante.

—Han cerrado el seminario y sellado sus puertas.

Me quedé en silencio. Se cerraba una de las etapas más importante de mi vida y no sabía cómo reaccionar. Hacía un par de días, le había dicho a mi amigo que debíamos andar cada vez más cerca de la frontera de la eternidad, pero a cada rato me olvidaba.

—Dios nos lo dio, Dios nos lo quitó, alabado sea Su nombre —le contesté. Después colgué el teléfono y disfruté del resto de la velada con mi hermana.

Al día siguiente, me costó despedirme de todos. Cada vez que nos alejábamos, no sabíamos si era para siempre.

—Dales muchos besos a nuestros padres y diles que los quiero —me pidió Sabine. La abracé y me eché a llorar.

—Te quiero —le dije, con los ojos anegados en lágrimas.

—No olvides lo que decía Papá, que el que sabe por qué vivir, puede superar cualquier cómo.

—Esa frase no es suya, es de Nietzsche —le contesté, pero aquel comentario me hizo sonreír de nuevo.

Gerhard también me abrazó.

—Cuídate y no des lugar al desaliento.

—Lo mismo digo. Ya vendrán tiempos mejores —le contesté, mientras les daba un beso a las niñas.

—Dios no nos promete una vida fácil, pero sí que Él nos dará fuerzas en medio de la adversidad —contestó mi cuñado. Después nos subimos al coche de Bethge y salimos en dirección a Berlín.

—Eres muy afortunado con una familia como esta —dijo mi amigo, que iba al volante.

—Sí lo soy. Dios me ha hecho inmensamente rico.

El camino hasta Berlín se nos hizo demasiado corto. En el fondo, no queríamos llegar y volver a chocar de nuevo con la realidad, pero ya no había casi ningún lugar en el mundo en el cual sentirse a salvo.

CAPÍTULO 15

El año de los tambores de guerra

Dahlen, 11 de enero de 1938

EL AÑO NO COMENZÓ MUY bien. Mientras oficiaba en una iglesia, la Gestapo entró, me detuvo junto a las treinta personas presentes y nos llevaron a sus oficinas. Un oficial de los servicios secretos me interrogó en un despacho repleto de humo.

—¿No sabe que tiene una orden de alejamiento de Berlín?

Me quedé sin palabras.

—No puede venir más a la capital del Reich. Es un elemento indeseable y debe salir de inmediato de la ciudad.

—¿Quién ha dictaminado eso?

El oficial se acercó y me miró directamente a los ojos.

—¡Cerdo arrogante! No lo protege ni su condición de pastor ni esa cara de niño bonito. Hasta ahora, lo han salvado los contactos de su familia, pero no será siempre así.

—Lo siento, no lo entiendo. Soy un simple siervo de Dios.

El hombre parecía furioso.

—Lo meteremos en un coche y lo llevaremos a la estación.

Los nazis cumplieron su promesa y, unas horas más tarde, me encontraba en un tren rumbo a Stettin con Fritz Onnasch.

En cuanto llegamos a nuestro destino, llamé a mi hermano Klaus para que intentase intermediar con la Gestapo. Durante todos aquellos años, la casa de mis padres había sido mi refugio, el lugar donde aún me sentía seguro.

Mi hermano logró que la prohibición de acercarme a Berlín fuera solo para dar charlas o predicar, pero podía alojarme en la casa de mis padres.

Muchos comenzaban a recuperar la esperanza. Por nuestros contactos, sabíamos que muchos mandos militares no estaban de acuerdo con los planes de Hitler.

Un cuñado, Hans von Dohnanyi, que trabajaba en el Ministerio de Justicia, se enteraba de todo lo que pasaba en el gobierno. Tras cinco años en el poder, los nazis parecían algo desgastados. El efecto de las olimpiadas ya se había pasado y necesitaban darle un nuevo impulso al país. Hitler quería una guerra; ya lo había advertido en su libro *Mi lucha* y, aunque había negado su intención de entrar en guerra, ya había ocupado el Sarre y pretendía incorporar al Reich a Austria y a Checoslovaquia. En ambos países había población de habla alemana y por eso los reivindicaba, pero además para tener cubierto el flanco oriental de Alemania, antes de ir hacia el este.

Los generales se fueron de la reunión preocupados y algunos muy asustados. El ministro de Exteriores, el barón von Neurath, tuvo que ser atendido por un ataque al corazón; al general Beck todo aquello le parecía un despropósito. Beck lideraba un complot para derrocar a Hitler y justo de eso quería hablar conmigo.

—Es nuestra oportunidad. Necesitamos a gente como tú que apoye el golpe.

—Yo soy un hombre de Dios, no un hombre de la espada —le contesté. Llevaba décadas predicando sobre el pacifismo, no podía ahora apuntarme a una rebelión militar.

—Tenemos que unirnos, este es un caso especial. Si no lo paramos ahora, Hitler llevará a nuestra nación hacia el desastre.

—No estoy seguro de poder apoyar en esto…

—Piensa que el general Wilhelm von Fritsch también quiere pararle los pies a Hitler, y él es el comandante en jefe del ejército.

Cuando mi amigo se fue de la casa de mis padres, me quedé pensativo. Mis padres se preocuparon al verme así, llevaban mucho tiempo temiendo que cayese en una depresión, pero lo que me preocupaba en realidad era que, al dar un paso en falso, los nazis tuvieran la excusa perfecta para destruir a toda la Iglesia Confesante.

Unos días más tarde, leí en los periódicos sobre la destitución de Fritsch por deshonor al haberse casado con una prostituta. Hitler aprovechó la oportunidad para encargarse del Ministerio de Guerra, asumir la jefatura del ejército y crear el OKW. El último contrapoder había sido también eliminado.

Unas semanas después, Hitler consiguió su siguiente objetivo, anexionarse Austria sin apenas pegar un tiro, gracias a un falso plebiscito y la oportuna muerte del primer ministro.

Hitler estaba tan seguro en el poder que sacó en aquellos días una orden para que todos los sacerdotes y pastores le juráramos lealtad. Cuando la noticia salió en el *Legal Gazette* no podía darle crédito; aquella mañana mi madre estaba conmigo en el salón.

—Bueno, imagino que es un mero trámite —me dijo para tranquilizarme, pero yo era consciente de que era mucho más.

—No, madre. Lo que quiere hacer con esto es callarnos de una vez por todas. Si le juramos fidelidad, nos convertiremos en sus cómplices. Un siervo de Dios no puede faltar a su palabra.

—Lo entiendo, pero ¿qué otra opción les queda?

Por la tarde, tuve una reunión con un grupo de pastores para intentar consensuar una postura común.

—¡Es inadmisible! —exclamó uno de los más decanos.

—Es cierto, pero si no lo hacemos, no podremos predicar el evangelio —contestó otro más joven. Hitler estaba consiguiendo con el Decreto de Wener lo que no había conseguido con la persecución activa: dividirnos, como ya lo habían hecho los emperadores en otro tiempo, cuando exigían a los cristianos que renegaran de su fe, para evitar ser arrojados a los leones.

—Lo mismo hizo Nabucodonosor, los tiranos no han cambiado tanto. Ya nos advirtieron el apóstol Juan y Pablo que los anticristos irían gobernando el mundo hasta la llegada de nuestro Señor —añadí, pero algunos de los pastores me miraron sorprendidos al utilizar aquel lenguaje apocalíptico.

—Pues, deberemos dejar que cada cual actúe según su conciencia —dijo de nuevo el pastor más decano.

Aquella razón salomónica encerraba un profundo peligro en sí misma. Los que juraran les reprocharían a los que no lo hicieran por poner en peligro a todo el grupo, pero los otros los acusarían de cobardes. Hitler tenía un don especial a la hora dividir a la gente.

Después de pasar unos días cerca del castillo de Wartburg, en el que Lutero había traducido la Biblia al alemán, me sentí inspirado. Si aquel pequeño hombre había logrado vencer a un imperio, ¿no nos daría Dios la victoria frente a los nazis?

CAPÍTULO 16

El servicio militar

Berlín, 28 de mayo de 1938

APENAS HABÍAN PASADO UNOS MESES de la incorporación de Austria al Tercer Reich y la mayoría de los alemanes seguían eufóricos, cuando Hitler anunció a sus generales su intención de anexionar Checoslovaquia. Los generales se preocuparon aún más que en la ocasión anterior. Inglaterra, Francia y otros países europeos estaban muy preocupados por la política expansionista de Hitler y estaban en contacto con el gobierno británico.

Mis contactos me informaron que el general Ewald von Kleist-Schmenzin se había entrevistado con Winston Churchill para preguntarle cuál sería la reacción del gobierno británico ante un golpe de Estado para derrocar a Hitler. El famoso político inglés le había contestado que tendrían pleno apoyo del Imperio británico en cuanto tuvieran entre rejas a Hitler.

La República de Weimar había abolido el servicio militar obligatorio, pero Hitler estaba creando un gran ejército de conquista y eso me afectaba de forma personal. Me podían llamar a filas, algo que no estaba dispuesto a aceptar y mucho menos para defender las políticas de un perturbado como el que nos gobernaba.

Mi hermana Sabine y Gert estaban también en una difícil situación. En los pasaportes de los judíos había que incluir nombres como Israel y Sara a los que no fueran suficientemente judíos. Todos temíamos que, si no se iban de Alemania, en unos meses, si estallaba una guerra, sería del todo imposible. La persecución de los judíos era cada vez más descarnada y había miles en campos de concentración.

Unas semanas más tarde, mi hermana y mi cuñado planearon salir del país. Los seguimos con mi coche hasta la frontera con Suiza; me acompañaba mi buen amigo Bethge.

El plan era que ni las niñas debían saber que se iban indefinidamente, por eso, cuando llegamos a la frontera y vieron que comenzaban a saltárseme las lágrimas, se pusieron muy nerviosas.

—Tío, es solo por unos días, pronto volveremos —me dijo la pequeña dándome un abrazo.

—Lo sé, perdona.

Bethge se llevó a las niñas aparte y pude abrazar a mi hermana. Temblaba mientras sus ojos brillaban por las lágrimas.

—Puede que triunfe el golpe de estado y estemos separados solo unas semanas —me dijo para consolarme, pero yo sabía que no sería por un corto tiempo.

—No lo sabemos, pero solo Dios conoce nuestro futuro.

—Dios es Dios y nosotros no lo somos —contestó mi hermana. Después, abracé a mi cuñado.

—Cuida a mis mujercitas —bromeé, para intentar aliviar un poco mi dolor.

—Lo haré.

Me abracé a Marianne y esta me dijo de repente:

—Sé que no vamos a volver, quiero que sepas que te quiero. Ha sido un día maravilloso, con este cielo azul y las flores que llenan aún los campos. No olvidaré jamás este momento.

Sus palabras acabaron de derrumbarme. Cuando los vimos alejarse por la carretera serpenteante, me pregunté por qué Dios permitía tanto dolor.

Nos fuimos a Gotinga y nos quedamos unos días en la ciudad. Me puse a escribir para olvidarme de todo aquello y, aunque pensé primero en hacer un breve libro sobre la vida en comunidad, al final escribí una especie de devocional.

—¿Qué pasará si nos llaman a las filas? —preguntó mi amigo.

—No lo sé, tal vez tendremos que huir nosotros…

Cuando los nazis ocuparon los Sudetes con la excusa de liberar a la población alemana, Karl Barth mandó una carta abierta a la Iglesia Confesante, diciendo que los soldados checos luchaban por la libertad, por la iglesia y por Jesús, pero muchos pastores consideraron esta carta un acto de traición. Mucha gente, ante la inminencia de la guerra, prefirió ser fiel a su país antes que a su conciencia, demostrando que el nacionalismo se había convertido en una religión más poderosa que el cristianismo y que los discípulos de Jesús eran capaces de dejarlo para servir a su nación.

CAPÍTULO 17

Al borde de una guerra

Pomerania, 7 de noviembre de 1938

NADIE QUERÍA LA GUERRA, PERO para muchos, era la única esperanza de sacar a Hitler del poder. Los generales pensaban que fracasaría y entonces sería su oportunidad de tomar el poder. Alegarían que Hitler no estaba en sus cabales y para ello tenían que contar con un psiquiatra de renombre, Karl Bonhoeffer. Mi padre era el candidato perfecto, al ser uno de los profesionales más respetados del país.

Nosotros nos habíamos quedado unas semanas en Gotinga con la esperanza de que la guerra estallara y que, tras la caída del Führer, mi hermana y su familia pudieran regresar de inmediato, pero Chamberlain, el primer ministro británico que no sabía nada de geopolítica y que sobre todo no entendía la ambición desmedida de Hitler, le dio a este una salida inesperada. Le propuso que ocupara los Sudetes sin derramar una gota de sangre.

Le avisé a mi hermana que tenían que salir de Suiza e irse a Inglaterra. Allí los acogerían Julius y el obispo Bell. Cada vez había más gente que me importaba en Gran Bretaña, y algunos me animaban a que me fuera. Si los nazis no me reclutaban en el ejército, estar en guerra hacía que estos tuvieran aún más facilidad para deshacerse de sus enemigos, acusándolos de traidores.

Yo no podía irme, aunque mis amigos me lo decían con buenas intenciones.

—¡Tienes que marcharte! Lo extraño es que todavía no estés en la cárcel. Medio gobierno tiene ganas de verte entre rejas —comentó mi amigo Bethge.

—¿Sabes cómo llamo a Cristo? Un hombre para los demás. Yo no me puedo comparar con Él, pero la Iglesia de Cristo existe para los demás y yo soy un ministro de Su iglesia.

—Eres un cabezón —comentó mi amigo, y entonces escuchamos algo parecido a una explosión. Nos asomamos a la ventana, el barrio de mis padres era muy tranquilo, pero a lo lejos se observaba humo y fuego. Tomé el sombrero y el abrigo y me dirigí a la puerta.

—¿Adónde vas? —me preguntó mi amiga Ruth preocupada, que estaba saliendo en ese momento de la cocina, donde preparaba la cena con la sirvienta.

—Algo pasa en las calles —dije, tal vez con la esperanza de que aquellos sonidos fueran el principio de una revuelta contra Hitler.

Mi amigo Bethge me imitó y se puso el sombrero.

—Pensé que usted era más juicioso, Bethge.

El hombre agachó la cabeza.

—No podemos quedarnos sentados para ver qué pasa en el mundo. No podemos enterrar nuestra cabeza en la arena y esperar que el peligro pase.

Mi madre me puso una mano sobre el rostro; estaba templada, pero su tacto era aún muy suave.

—No puedo decir que tu madre no crio a un valiente, pero por favor, sé prudente. Tengan cuidado ahí fuera.

Salimos a la calle y caminamos hacia el centro. Por la zona residencial no se veía nada, pero hacia el centro vimos muchos escaparates rotos y todos eran de tiendas judías. Al final, paramos a un hombre y le preguntamos qué pasaba.

—Los judíos han matado a Ernst von Rath, el tercer secretario de la embajada alemana en París. Aquellos disturbios planeados por Hitler y ejecutados por Himmler, uno de sus más terribles secuaces, intentaron hacerlos pasar como un acto espontáneo, pero fueron orquestados por los nazis, que ordenaron que se quemaran las sinagogas, pero que se tuviera mucho cuidado con que el fuego no se extendiera a los edificios aledaños.

Regresamos a la casa desolados. Aquella noche no pude dormir bien, algunos amigos en la cena habían comentado que todo aquello era un castigo contra los judíos por negar a Cristo, pero a mí esas ideas me parecían una aberración.

Por la mañana, mientras hacía mi devocional, comencé a leer el Salmo 74, y en el verso 7 vi cómo advertía que los enemigos de Dios habían quemado Su santuario y profanado el tabernáculo. En ese momento, comprendí que todas esas sinagogas judías pertenecían a Dios y que atacar a Su pueblo era como atacar al mismo Dios.

Aquel domingo prediqué sobre ese tema. La gente estaba aún conmocionada, pero en el fondo dividida; el antisemitismo estaba muy extendido entre el pueblo alemán.

«"Solo el que grita a favor de los judíos puede cantar gregoriano". Muchos se dicen cristianos, pero están llenos de odio hacia el pueblo elegido por Dios, pueblo del que salió nuestro Señor Jesucristo. No olvidemos que la salvación viene de los judíos. En Zacarías 2:8 se nos advierte que tengamos mucho cuidado de no tocar a la "niña de su ojo"; la venganza de Jehová no se hará tardar. Alemania ha cruzado la última puerta, ya no hay marcha atrás», dije, mientras sentía como si toda mi fuerza se hubiera esfumado al pronunciar aquellas palabras.

La mayoría de los pastores se quedaron callados, algunos por miedo, muchos por indiferencia. A ellos tampoco les gustaban los judíos y no parecían ver en la Biblia el papel profético de esta nación.

Una de las cosas que me determinaron a unirme a los que conspiraban contra Hitler fue aquella noche fatídica y la aparente indiferencia de muchos hombres que consideraba justos.

CAPÍTULO 18

Conspiración

Ostende, 10 de marzo de 1939

HITLER PARECÍA CONTINUAR CON SUS planes de guerra y yo cada vez veía más cerca mi llamada a filas. No es que no confiara mucho en la posibilidad de que un golpe de Estado de los militares pudiera desbancar a Hitler, pero estaba determinado a no ir a la guerra. Tampoco estaba dispuesto a realizar el juramento al Führer. Se lo comenté el obispo Bell en una carta y también a mi fiel amigo Bethge. Por eso nos fuimos a Bélgica. Mientras el tren se detenía en la frontera, noté cómo el corazón se me paralizaba.

Los funcionarios de aduanas subieron al tren y fueron pidiendo pasaportes a todos los pasajeros. Cuando llegó mi turno, estuve a punto de tirarme al suelo y entregarme, aunque en realidad no estaba haciendo nada malo o ilegal.

—Pasaporte —dijo el funcionario. Se lo entregué y debió ver muchos sellos de países, porque me preguntó—: ¿Viaja mucho fuera de Alemania? ¿Acaso no le gusta nuestro país?

Intenté sonreír y le dije:

—Es por razones de trabajo. No hay ningún país mejor en el mundo que Alemania, pero nuestro país necesita que trabajemos cada día por él.

—Eso es cierto, caballero —dijo, y después hizo el saludo nazi, levanté la mano derecha con poco convencimiento para que se fueran y nos dejaran entrar a Bélgica.

Al día siguiente, tomamos un barco para Inglaterra. Únicamente pude darme cuenta de lo intoxicado que me encontraba dentro de Alemania cuando pude ver a mis amigos y respirar aquel aire de libertad.

En cuanto lo vi, me abracé a Franz Hildebrant y a Julius Rieger. También pasé tiempo con mi hermana y su familia. Unos días más tarde, viajamos a Oxford y después a Sussex.

Mientras estábamos en Inglaterra, el obispo Wener publicó la Declaración de Godesberg, en la que defendía que el nacionalsocialismo era la continuación de la obra de Lutero. Aquello me indignó tanto que escribimos de inmediato al Comité Provisional del Consejo Mundial de Iglesias para que diera una respuesta contra todas aquellas ideas antisemitas.

Regresamos a Londres y el obispo Bell nos preparó una cita con el holandés Willem A. Visser't Hooft. Unos días más tarde, en la estación de trenes de Paddington, nos encontramos con él.

Nos fuimos a tomar un café y, desde el primer momento, los dos conectamos, como si hubiéramos sido amigos durante años.

—No estoy seguro de poder hacer demasiado. La gente tiene demasiado miedo, y no la culpo. Los tentáculos de los nazis cada vez son más largos y hay mucha gente en otros países que cree en el movimiento nazi. Ya sabe que los nacionalsocialistas son unos verdaderos expertos en engañar a todo el mundo, y muchos cristianos los prefieren a los comunistas.

—Por eso tenemos que arrancar esa venda.

—Haré lo que pueda, pero no le prometo nada. En estos tiempos tan turbulentos, es difícil defender la Verdad.

—La Verdad es lo único que merece la pena defender.

Unos días más tarde, tras reunirme con el obispo Bell, decidí regresar a Alemania. Temía que mi partida pudiera perjudicar a la Iglesia Confesante.

CAPÍTULO 19

El amigo americano

Berlín, 1 de mayo de 1939

CUANDO REGRESÉ A ALEMANIA, MI país celebraba el cumpleaños número cincuenta de Hitler. Tuve vergüenza ajena al ver cómo todo un país parecía rendirse a los pies de un solo hombre. El Dr. Werner hizo toda una loa a Hitler y llegó a decir en el periódico oficial de los nazis que Dios había concedido en Hitler al pueblo alemán un hacedor de milagros, y que el pago del pueblo sería no decepcionar a su Führer en la gran hora histórica.

Mi amigo Niehbuhr les había escrito a Henry Sloane Coffin y a Paul Lehmann para que me sacaran de Alemania. Temían que en cualquier momento me llamaran a filas.

Unos días más tarde, el 11 de mayo, me mandaron una propuesta para que viajara a los Estados Unidos, para que me integrara en la Oficina Central de Ayuda Entre Iglesias, y para incluirme en el programa de refugiados alemanes, que cada vez eran más en el país. Además, podría dar conferencias en varias universidades en el verano y en el otoño.

Al final, accedí. Pensé que si estallaba la guerra, sería corta, los generales arrebatarían el poder a Hitler y podría regresar a mi hogar. Mientras tanto, podría intentar concienciar a más gente fuera de Alemania y ayudar a los refugiados.

Temía no poder regresar a Alemania en mucho tiempo, pero también necesitaba separarme de la Iglesia Confesante, que había repudiado a Karl Barth, quien había sido uno de sus artífices. Tenía la sensación de que la poca resistencia que había contra los nazis dentro de la iglesia comenzaba a desvanecerse.

Cuando me llegó la carta para incorporarme a filas, aduje que estaba invitado a unas conferencias en Estados Unidos y estaría ausente del país, y tomé el primer avión a Londres y desde allí el primer barco que pude para América.

En la travesía, encontré a un joven que había estudiado en Union. Con él pude hablar de todos los temas que me preocupaban y el viaje no se me hizo tan largo.

Unos ocho años después, volví a ver la silueta de la Estatua de la Libertad y después el impresionante perfil de Nueva York, pero el país parecía aletargado, como si la Gran Depresión aún mostrase sus secuelas.

Me recibió en el puerto el pastor Macy. Al día siguiente vi a Leiper, que me llevó a la Unión, donde me alojaron en la llamada «habitación de los profetas».

Unos días más tarde, nos reunimos con Henry Sloane Coffin, el pastor de la Iglesia de Madison Avenue de Manhattan, una de las más importantes del país.

—Bienvenido a los Estados Unidos, creo que teológicamente estamos en las antípodas, pero creo que aportará una visión fresca de su fe a los estudiantes. Admiro mucho a Barth y a su Lutero.

—Muchas gracias —le contesté.

—Tenemos un lugar para que descanse antes de su gira. Imaginamos que la tensión que sufrió en Alemania debe haber sido tremenda.

—Lo que más me pesa es dejar a los hermanos solos en un momento tan crítico para mi país —le contesté.

El hombre se cruzó de brazos.

—Siempre es difícil mantener el equilibrio, pero el amor al prójimo es la máxima más importante que Jesús nos enseñó.

—Por esa máxima intento dirigir mi vida, aunque la carne es débil.

Los dos nos echamos a reír, por primera vez desde mi salida de Alemania, logré relajarme un poco.

Aquellas semanas, cuando regresé a Nueva York, sentí el peso de la soledad, pero me hizo mucho bien estar tranquilo. Los sábados, que no tenía nada que hacer, los pasaba en la biblioteca de la facultad. Apenas recordaba la última vez que había tenido tiempo para leer tranquilo.

Aquel domingo observé desde mi ventana una estatua del ángel Gabriel y fui a conocer una nueva iglesia. Llegué a la Iglesia de Riverside, que los Rockefeller habían construido poco menos de una década antes para el predicador liberal Harry Emerson Fosdick.

Me senté en un banco, anhelando escuchar la Palabra de Dios, pero el predicador habló sobre un filósofo que había estudiado años antes. El sermón me decepcionó y me deprimió aún más. No entendía por qué en una iglesia se hablaba de una cosa tan irrelevante y poco cristiana. Hacía tiempo que me había dado cuenta de que los anglosajones eran más religiosos que los alemanes, pero mucho más paganos en el fondo. *Algún día soplará con fuerza y hará que esta miseria pase*, pensé aquel día mientras regresaba a la residencia. ¿Cómo podía estar la iglesia tan alejada de Dios en un momento histórico como aquel?

CAPÍTULO 20

Soledad

Nueva York, 26 de junio de 1939

LLEVABA TIEMPO SIN RECIBIR NOTICIAS de Alemania, y eso me preocupaba. Nunca me había sentido tan alemán y tan extraño en un país extranjero. Al domingo siguiente, busqué otra iglesia y la encontré en Broadway, una iglesia llena de vida y en la que se predicaba la Palabra de Dios. De alguna manera, la lucha de la iglesia en los Estados Unidos era distinta; allí no luchaban en contra de un gobierno nazi, tampoco tenían limitadas sus libertades, pero se enfrentaban a la banalización de la fe y a la corrupción de la teología hasta convertirse en algo hueco que ya no tenía nada que ver con Dios ni Su Palabra.

Aquellas predicaciones lograron llenar mi alma. Estaba tan obsesionado con lo que ocurría en Alemania que seguía allí y había olvidado la misión, pero en ese momento necesitaba centrarme en mi misión para los americanos.

El 20 de junio, recibí una carta de mis padres que me animó un poco.

Unos días más tarde, tuve una reunión con Henry Leiter, que quería proponerme que me quedase en los Estados Unidos como profesor, pero decliné el ofrecimiento; mis hermanos alemanes me necesitaban mucho más.

Mi familia americana me invitó a pasar unos días en Filadelfia, pero apenas pasé un día. Esa mañana, leí un texto en la segunda carta a Timoteo que me convenció de que debía partir a Berlín, cuando Pablo le pide que procure ir antes del invierno.

Unos días después, llegó mi hermano Karl, que había aceptado una cátedra en Chicago; él sí se quería quedar en América.

El 7 de julio, partí de nuevo hacia Alemania. Los tambores de guerra ya resonaban por todo el mundo, aunque algunos ingenuos aún creían que la paz era posible. Sin duda, no conocían a Hitler.

Aproveché para pasar algo más de una semana en Inglaterra, charlé con el obispo Bell y vi a mis amigos, a Sabine y a su familia.

El 27 de julio ya estaba de nuevo en Berlín, con aquella atmósfera asfixiante que lo rodeaba todo. Holmut Traub me recibió con bastante sorpresa.

—¿Qué hace aquí? Pensé que no regresaría de América.

—¿Quería toda la gloria para usted? —bromeé, y después le pregunté en qué podía ayudar.

—No entiendo por qué ha venido aquí, sabiendo cómo está la situación.

—Bueno, creo que ni yo mismo lo sé. Tal vez como el apóstol Pablo tenía que ir a Jerusalén, aunque saliera de allí en cadenas para presentarse delante de César. En algunos momentos, lo bueno es enemigo de lo mejor. Mi vida vale bien poco en América, aquí puede que valga un poco más.

Después, me di la vuelta y comencé a trabajar de nuevo. Me acordé de mis propias palabras: «Cuando Cristo llama a un hombre, le dice: "Ven y muere"».

CAPÍTULO 21

Ven y muere

Berlín, 31 de agosto de 1939

HAY FECHAS QUE TODO EL mundo recuerda, sabe lo que estaba haciendo en ese momento y con quién se encontraba. Hitler atacó aquel día Polonia con la excusa de que soldados polacos habían atacado un puesto fronterizo, cosa que todos sabíamos que era mentira. El 1 de septiembre, Göring lanzó un ataque total contra Polonia; era una declaración de guerra segura. En aquel momento, ni el propio Hitler podía creer que los aliados se echarían de nuevo atrás.

El ejército polaco no aguantó demasiado y sucumbió a las pocas semanas.

Aquella tarde, cuando nos enteramos de lo sucedido, estaba en casa con Karl. Pensamos que los ingleses bombardearían Berlín, pero la guerra se mantuvo lejos durante algún tiempo.

En cuanto llegué a Alemania, le pedí al ejército que me prorrogase un año más la entrada al servicio militar. Me concedieron la petición, aunque no sabía por cuánto tiempo más lo conseguiría. Mi madre intentó a través de un primo suyo que cuando se terminase aquel período pudiera servir como capellán de guerra o en algún hospital.

Algunos de los viejos alumnos del seminario ya habían sido llamados a filas. No estaba seguro de cómo guardarían su fe en una situación tan peligrosa.

Lo más duro fue cuando comenzaron a llegar las noticias de las muertes de nuestros hermanos en el frente. El primero fue Theodor Maass, que el 3 de septiembre había caído muerto.

La guerra para mí siempre había tenido un carácter abstracto. Ahora que la veía de cerca, no sabía cómo actuar ante ella. No podía servir a Hitler, pero tampoco podía abandonar a su suerte a mis hermanos, que luchaban al fin y al cabo por su patria.

Mientras los polacos perdían la guerra, yo regresé a Pomerania. Allí parecía que los conflictos humanos no tenían cabida.

En uno de mis viajes a Berlín me encontré con Dohnanyi, que quería que me uniera a la conspiración contra Hitler. Por lo que me contó, las atrocidades durante la guerra eran mucho mayores que las que hasta el momento habían hecho los nazis. El trato a los oficiales polacos y a la élite del país fue despiadado, exterminando a la mayoría. La persecución a los judíos fue extremadamente cruel, reuniéndolos en infectos guetos y sacándolos de la zona que debía unirse directamente al Tercer Reich.

—El 10 de septiembre, un comando de las SS utilizó a cincuenta judíos para arreglar un puente. Después del trabajo, los metieron a todos en la sinagoga y le prendieron fuego —me contó con todo lujo de detalles.

—¡Eso es horroroso! —exclamé, indignado.

—Hitler había prometido que si comenzaba una Segunda Guerra Mundial, acabaría con todos los judíos de Europa —señaló Dohnanyi.

—¿Qué podemos hacer? —le pregunté, cada vez más inclinado por pasar a la acción.

—Bueno, el almirante Canaris está liderando un grupo de disidentes, buscan el momento propicio para acabar con su vida. Creen que Hitler es un amoral y un depravado; nada ni nadie lo va a detener.

Me quedé en silencio unos instantes.

—Me estás diciendo que lo van a matar.

El hombre afirmó con la cabeza. No le gustaban los eufemismos que los nazis parecían manejar con tanta facilidad.

—La guerra que ha comenzado no es convencional, no es la lucha entre una nación y otra; es la lucha por la libertad. Los nazis no tienen moral ni principios, defienden que solo el más fuerte puede sobrevivir y que ha llegado la hora del superhombre, que naturalmente es ario.

Aquellas palabras me sorprendieron.

—¿Qué dicen los generales? ¿Aprueban esa guerra de destrucción masiva?

—Canaris la aborrece, el general Blaskowitz se ha quejado sobre el efecto que las matanzas sistemáticas pueden tener sobre los soldados del ejército. También han pedido que acaben con las atrocidades los generales Petzel y Georg von Küchler; el general Ulez ha comentado que esto es un borrón imperdonable en la historia de Alemania y el general Lemelsen ha condenado a un oficial de las SS por matar a cincuenta judíos.

—Lo pensaré —contesté al nuevo ofrecimiento de mi amigo. Siempre había pensado que merecía la pena morir por la causa del evangelio, pero jamás matar, aunque fuera por la causa más justa del mundo.

Unos días más tarde, me enteré de que los nazis tenían planes de acabar con todas las personas con deficiencias mentales. Hitler alegaba que lo hacían para liberar el alma del pueblo alemán. Los discapacitados suponían una dura carga para el estado. Ahora iban por los niños, y un país puede medirse moralmente por lo que les hace a los más indefensos y vulnerables de su sociedad, los niños.

CAPÍTULO 22

Los niños

Berlín, noviembre de 1939

AL PARECER, LOS NAZIS HABÍAN trazado un plan secreto para terminar con la vida de cientos de miles de personas en los próximos años. En este año se habían propuesto asesinar a unos 700 000. Lo llamaban el programa de Eutanasia T4. En agosto de 1939 se había mandado una circular a todos los médicos, a las comadronas y a las enfermeras para que hicieran registros de todos los niños nacidos con defectos genéticos. El programa había empezado desde 1936, pero a partir de 1939 quería acelerarse para acabar con el resto.

Los autobuses cargaban a enfermos mentales y ya no se les volvía a ver. Primero, los mataron con inyecciones letales, pero después empezaron a hacerlo con el propio monóxido de carbono de los autobuses y las furgonetas.

La excusa para acelerar los asesinatos fue que las camas de los hospitales y centros iban a necesitarse para los soldados cuando fueran heridos en la guerra. Por eso debían sacrificar su vida por una causa mejor, la gloria de Alemania.

El médico personal de Hitler, Karl Brandt, organizaba el programa T4. El plan tenía una filosofía eugenésica y de limpieza racial. Esas ideas que venían del darwinismo social habían triunfado en muchos lugares antes, pero en Alemania pretendían mucho más que la esterilización, si no la muerte directa de los discapacitados.

Siempre me he preguntado dónde está el corazón de esta gente terrible, pero la respuesta se encuentra en que ellos han sustituido la ley de Dios por la suya propia.

Unos días más tarde, volví a tener noticias de Dohnanyi. Quería que entrase en la conspiración contra Hitler, aunque yo no comprendía muy bien qué podía hacer un simple pastor en un plan de regicidio, más allá de confesar a los que participaran y pedir a Dios por sus almas.

El ejército estaba muy asustado. Tras la caída de Polonia a finales de septiembre, Hitler había convocado a toda la plana mayor para explicarles su plan de invadir Bélgica, Holanda, Dinamarca, Noruega, Francia e Inglaterra.

El general Beck había pedido a Dohnanyi que guardase todo el material sobre las atrocidades de las SS para poder acusar a Hitler tras su destitución, si era que este quedaba con vida.

Después de varios intentos, accedí a ir a una de las reuniones que organizaba Dohnanyi y a la que solían ir militares, aristócratas y algunos políticos retirados.

—Debemos actuar ya, antes de que ese loco tome Bélgica y Holanda. Más tarde, los aliados se negarán a firmar una paz honorable para Alemania —comentó el general Beck, aunque no era tan fácil. Los generales ignoraban hasta qué punto sus soldados eran leales a Hitler y le obedecerían. Sobre todo, ahora que los nazis solo cosechaban victoria tras victoria.

—Necesitamos que usted contacte a sus amigos británicos. Quitar a Hitler no servirá de nada si ellos no entienden el esfuerzo que estamos haciendo —comentó el general dirigiéndose a mí.

—No sé si podré hacer algo, soy un simple ministro.

Mi cuñado negó con la cabeza.

—Dietrich, con tus años de esfuerzo en pro del ecumenismo, has creado una red de amigos que nos pueden ser muy útiles ahora. No solo tus contactos ingleses, también los noruegos y los norteamericanos.

—Está bien, acepto participar en este plan, espero que Dios nos ayude a todos.

A las pocas semanas me di cuenta de que mi ayuda al grupo tenía diferentes dimensiones. La primera era moral, ya que la mayoría de los miembros eran personas decentes que ahora tenían que mentir, incluso a sus familias, además de conspirar contra su país y romper su juramento al jefe del Estado.

Una de las personas que me ayudó a decidirme finalmente fue mi cuñada Emmi, la esposa de Klaus, que me retó a luchar contra el mal con algo más que palabras. Ella no era cristiana, pero sí creía que mi fe podía ser una buena arma contra los nazis, si me dejaba usar por Dios.

Recuerdo aquella conversación en la mesa, junto a mi hermano Klaus.

—No te están pidiendo que mates a nadie, simplemente que los ayudes con tus contactos. No cabe que tengas tantas dudas morales.

Ella sabía que la conciencia me torturaba. No quería contradecir toda una vida dedicada a la paz y a la predicación de la tolerancia.

—Está bien, pero no creo que tenga pinta de agente secreto —les comenté. Mi hermano me miró de arriba abajo y se echó a reír.

—Piensa que esto te eximirá del ejército; ahora perteneces a los servicios secretos de la Abwehr.

—Eso sí es un descanso —le contesté, no porque temiera ir a la guerra, sino porque me negaba a jurar fidelidad a Hitler y a quitarle la vida a otro ser humano.

CAPÍTULO 23

Espía

Berlín, 14 de junio de 1940

NO ME CONSIDERABA UN ESPÍA. Ni siquiera sabía cómo debía comportarse un agente secreto. No sé cómo el ejercito logró aprobarme para el puesto; mi nombre estaba en cientos de informes que me declaraban peligroso para el Reich. De hecho, por aquellas fechas me llegó una carta del ministerio del interior advirtiéndome que tenía prohibido predicar y enseñar en Alemania, además de vivir de forma permanente en Berlín.

Dohnanyi me informó que habían enviado a un abogado de Múnich al Vaticano para que hablara con los ingleses, para que nos asegurara que, una vez derrocado Hitler, terminaría la guerra y los británicos no intervendrían en la política interna de nuestro país.

Un tiempo después, conocí a Joseph Müller, un hombre corpulento y campechano, devoto católico y enemigo acérrimo de Hitler. Lo vi en varias ocasiones cuando venía a informar de sus logros en Roma.

Unos meses antes, los alemanes atacaron la neutral Holanda y aquello me partió el corazón; tenía muchos amigos en los

Países Bajos y ahora, de golpe y porrazo, se convertían en mis enemigos.

Aquel día me encontraba en el este de Prusia para reunirme con varios pastores. Me acompañaba mi inseparable Bethge, pero ni él sabía que estaba conviviendo con un espía.

Nos enteramos en el pueblo de Memel que París se había rendido; había sido tan rápido que no habíamos tenido tiempo de cerrar las negociaciones con los aliados. La euforia invadió todo el local en el que estábamos comiendo; la gente se subió a las sillas y gritaba loas a Hitler.

—Lo adoran —me susurró mi amigo, y yo sabía que esa era la palabra exacta para definir aquel comportamiento.

Nosotros dos nos habíamos quedado paralizados hasta que me puse en pie y levanté el brazo. Mi amigo me miró extrañado.

—Levanta el brazo; ya tendremos que arriesgarnos en otras ocasiones.

Dejamos el local y caminamos por las calles abarrotadas de gente hasta llegar a un parque.

—¿No te parece increíble? Por eso el mensaje del evangelio sigue siendo locura. La gente solo quiere éxito, fama y victoria. Jesús representa la derrota, la muerte y el fracaso; por eso, para la mayoría solo produce sentimientos de lástima. No entienden Su grandeza. A nadie le importan las ideas y las opiniones, solo quieren hechos, cuanto más contundentes mejor. Para los alemanes, el fin justifica los medios, pero Cristo es un estorbo; el crucificado nos recuerda que somos mortales. El Dios del universo se hizo hombre y nosotros siempre hemos anhelado convertirnos en dioses.

—Dios no quiere el éxito —contestó mi amigo—; lo que anhela de nosotros es la obediencia.

Unas semanas más tarde, estaba predicándole a un reducido grupo de jóvenes en Potsdam. Ya muy poca gente se atrevía a unirse a nuestras filas. Éramos los perdedores.

—Ahora que Hitler ha vencido a los franceses, parece que nadie quiere que se marche. Ha vencido a nuestros enemigos históricos, ¿cómo vamos a quitarlo de su puesto? Para vencer a Hitler, hay que predicar con un poco de herejía.

Por primera vez, aquel pequeño grupo de estudiantes pareció despertarse.

—Herejía, en el sentido de exagerar un poco, de usar la hipérbole para llamar la atención de la gente que quiere escuchar. Ahora sería fácil pasar a sus filas y reconocer que estábamos equivocados, pero eso sería si creyésemos que lo más importante son los resultados. El problema es qué hacer con nuestra conciencia. Nosotros, los cristianos, estamos llamados a decir y a vivir la verdad. Hitler ha ganado mintiendo, engañando, manipulando y, por fin, derrotando a sus enemigos. ¿Así actuaría Cristo o el anticristo? Él lo deja claro en el Sermón del Monte, cuando afirma: «Habéis oído que fue dicho, mas yo os digo». Él no quiere que cumplamos la ley. Hitler ha llegado al poder legalmente, sin el espíritu de la ley. La ley muerta es el intento de hacer creer a Dios que eres obediente, una especie de autoengaño; Dios quiere mucho más, que amemos Su ley y que esta sea nuestra delicia.

Los jóvenes parecían emocionados ante mis palabras, pero yo me sentía como un hipócrita con la doble vida que llevaba. El jefe de mi cuñado, el general Oster, había dicho que los nazis tenían una moral tan siniestra que ya no se podían aplicar los valores y ni las tradiciones tradicionales. Ahora debíamos ir más allá, al lugar en el que la justicia y la verdad se encuentran y forman la compasión, justo en el profundo amor.

Nunca había odiado a nadie, pero cada vez me costaba más no hacerlo. Dios me llamaba a dar un paso más y a amar con todo mi corazón a mis enemigos, y esa solo podía ser obra del Espíritu Santo.

CAPÍTULO 24

El monasterio de los Alpes

Múnich, 18 de noviembre de 1940

YA HABÍA PASADO MÁS DE un año de guerra, y parecía que Hitler la estaba ganando por ahora. La situación en Berlín era insoportable para mí, y el bueno de Joseph Müller consiguió que residiera en un pequeño pueblo alejado de todo, llamado Ettal, en el monasterio de los Alpes bávaros.

El día que llegué quedé impresionado, la abadía era de 1330, pero había tenido una gran ampliación en el barroco, por lo que casi todo el edificio era del siglo XVIII.

Los monjes me recibieron con gran cariño. En las últimas semanas, los nazis me habían estado acosando a pesar de la protección que me brindaba Canaris y la Abwehr. Ahora podía gozar de un poco de paz.

En el monasterio, las rutinas me fascinaron y me recordaron nuestro seminario. Además, tenía todo el tiempo del mundo para dedicarme a mi libro, aunque a veces me preguntaba cómo era capaz de escribir en un mundo que parecía destruirse poco a poco. Imaginé que algo parecido habría pensado San Agustín mientras veía que su mundo se derrumbaba para siempre, pero cada vez que el cristianismo ha sido puesto a prueba, ha resurgido de sus cenizas.

Los monjes habían leído mi libro, *Vida en comunidad,* y el abad, Angelus Kupfer, me comentó que les gustaría que tuviésemos un largo debate.

Después de unos días de paz, me sentí animado para ir a ver a mi tía. Cuando se acercó la Navidad, la ciudad de Múnich estaba preciosa y pude hacer mis compras allí.

El 13 de diciembre nevó sin parar. Me decidí a escribirle a Bethge, para intentar regresar a la realidad que me parecía tan lejana en aquel momento. Le conté que la nieve estaba por todas partes y que la vida me había dado una pequeña alegría. Ahora que los bombardeos eran constantes sobre Berlín, mi hermana Christine y mi cuñado Dohnanyi habían enviado a sus tres hijos al monasterio. Iba a tener a tres pequeños miembros de mi familia junto a mí: Bárbara, Klaus y Christine. También le conté que la belleza de las montañas a veces me estorbaba en el trabajo, me sentía tan insignificante ante su magnificencia y además prefería contemplar la hermosa creación de Dios. Las palabras eran como las cámaras de fotografía: por buenas que fueran, no podían igualar al ojo humano. Las palabras escritas eran incapaces de expresar la grandeza de un Dios amoroso.

Unos días más tarde, llegaron de parte de mis padres unos regalos. Además de un diccionario de francés —ya que pretendía ir a Ginebra y necesitaba practicarlo—, había una lupa que había pertenecido a mi hermano.

Aquellos días de Navidad me hicieron reflexionar sobre nuestra vida. El año anterior había pensado que veríamos todo con más claridad, pero la realidad era que la oscuridad seguía invadiéndolo todo. Antes de ascender de nuevo a la cumbre, nos tocaba ir al valle más profundo de desesperación, como *El progreso del peregrino* de Bunyan. *Después todo irá bien, pero tenemos que estar preparados para un largo viaje,* intenté convencerme, aunque mis fuerzas parecían agotarse por momentos.

CAPÍTULO 25

Ginebra

Ginebra, 24 de febrero de 1941

LA ABWEHR ME ENVIÓ A Ginebra con la misión de encontrarme con los líderes protestantes de diferentes países para informarles sobre la resistencia y pedirles que estos tantearan una paz negociada tras la deposición de Hitler. Tenía la sensación de que los conspiradores dentro del ejército nunca veían cuál era el mejor momento de actuar. La guerra seguía avanzando, y con ella sus atrocidades; los aliados cada vez odiaban más a nuestro país y la reconciliación se hacía más difícil.

Entendía sus razones pero, sin duda, era mejor una mala paz que una buena guerra.

Karl Barth fue el que salió por mi fiador en la frontera ante la actitud de la policía fronteriza, que tenía orden de limitar la entrada de refugiados al país.

Cuando me encontré con Barth, me sorprendió verlo exactamente igual, como si el tiempo no le afectase. Él me trató con algo de recelo; no entendía por qué los nazis dejaban salir a uno de los líderes de la Iglesia Confesante. Imaginó que había cedido ante los nazis.

Yo no le podía contar que ahora trabajaba como espía para el ejército, por lo que muchos comenzaron a sospechar de mí, justo lo contrario que necesitaba en ese momento.

Tampoco iba a entender la mayoría que estuviera trabajando para los servicios secretos de un gobierno deplorable. Por eso, mi silencio era aún más valioso.

Aproveché para escribirle a toda la gente que estaba en Inglaterra. Desde Alemania no podía hacerlo, al considerarse un país enemigo. Les conté cuánto los echaba de menos; también les escribí a mis contactos en Londres, como el obispo Bell.

En Ginebra, aquella ciudad atrapada en el reflejo de un lago, logré entrevistarme con varios líderes ecuménicos, pero la reunión más importante era con Willem Visser't Hooft, al que le entregué un informe para que lo llevara al obispo Bell y este se lo entregase al gobierno de Winston Churchill.

El informe estaba dirigido al ministro de asuntos exteriores, Anthony Eden.

—Mañana mismo voy a Londres, espero que el obispo pueda contactarse con el gobierno —me comentó Willem.

—Lamento mucho lo que ha sucedido con su país —le dijo. Willem era holandés y Hitler pretendía asimilar el país hasta disolverlo en el Reich alemán.

Después de un mes en Suiza, regresé a Alemania algo más esperanzado, pero me esperaba una carta de la Asociación de Escritores del Reich. Desde aquel momento, se me prohibía escribir libros. Los nazis estaban intentando ahogar mi voz, pero no habían comprendido que la que jamás podrían ahogar era la de Cristo.

A veces sentía que me faltaba coraje, tal vez porque siempre había entendido mal esa palabra; *coraje* no siempre significa ser como león rugiente. A veces, es como un susurro que te dice al oído al final del día que simplemente lo intentes de nuevo al día siguiente. Esa era la historia de mi vida: cada vez que me caía, me levantaba, y cada vez que dudaba, me ponía de rodillas ante Dios.

CAPÍTULO 26

Descabezados

Berlín, 7 de diciembre de 1941

MI SEGUNDO VIAJE A SUIZA fue menos fructífero. El gobierno de Winston Churchill nos contestó que, debido a lo avanzada que estaba la guerra, la paz no llegaría sin más. Alemania debería pagar por sus atrocidades. Lo entendía en parte; los nazis estaban destruyendo millones de vidas en los países que ocupaban en el este. Los soldados rusos que caían prisioneros eran fusilados, además de que los soldados de las SS arrasaban con comunidades enteras de judíos y con los comisarios políticos de la Unión Soviética.

Unos días más tarde, cuando ya se acercaba la segunda Navidad de la guerra, las derrotas en el frente ruso habían hecho que los nazis les quitaran el mando a algunos de los generales que estaban implicados en el complot para quitar del poder a Hitler. Entre ellos estaba el general Bock o Hoepner, pero sobre todo Brauchitsch, que era el general más poderoso del ejército hasta ser destituido por Hitler.

El año 1942 no pudo comenzar peor. Mi cuñado me informó que se había hecho en Wannsee una conferencia al más alto nivel, con los funcionarios más importantes del gobierno, para poner en marcha lo que llamaron «La solución final», que era el exterminio de todos los judíos de Europa.

Mientras la resistencia decidía el plan de acción, la Abwehr quería que yo fuera a Noruega para intentar un nuevo acuerdo con los aliados.

Unos días después, me enteré por mi cuñado Dohnanyi que lo estaban siguiendo y que habían intervenido mi teléfono. Me sentí aterrado al enterarme y llamé a Bethge para que se acercase a Múnich.

Mi amigo acudió de inmediato. Después de tomar un café con él en la ciudad, le di mi testamento.

—¿Qué es esto?

—He hecho un testamento; lo más lógico en los tiempos que corren, ¿no crees? —le dije, intentando quitarle importancia.

—¿Qué ha pasado? Te conozco muy bien.

Me encogí de hombros y, después de mirar por la cristalera, medio tapada con listones de madera, le contesté.

—Nos están vigilando, me temo que la Gestapo no tardará en detenerme. Esto se ha acabado —le dije con cierta resignación.

—De eso nada. Esto se acabará cuando Dios diga. Dios no es una abstracción, sino un ser que actúa.

—Pues debería haberlo hecho mucho antes. ¿No crees?

Mi amiga me dio la mano.

—Estamos en Sus manos y nos ha hecho llegar hasta aquí. Millones han muerto; todos los días bombardean las ciudades de Alemania, pero Dios, en Su providencia, nos mantiene con vida. Tienes una misión que cumplir, nadie se va de este mundo antes de hacerlo —me dijo con tal convencimiento que me levantó el ánimo de repente.

Una de las cosas que más me gustaba de Dios era que nos había puesto en una hermosa comunidad para que nos apoyásemos unos en otros. Él era soberano, y yo estaba convencido de que nada ni nadie podía apartarme de Su lado. Como decía Pablo; ni la vida, ni la muerte, ni principados ni potestades. ¿Qué nos apartará del amor de Cristo?

TERCERA PARTE:

LA NOCHE MÁS OSCURA DEL ALMA

CAPÍTULO 27

Estocolmo

Berlín, 10 de abril de 1942

MI VIAJE A OSLO FUE más positivo de lo que imaginaba. Además de coincidir con von Moltke, vi cómo una iglesia unida podía resistir el mal. Los nazis noruegos apoyados por los alemanes intentaron imponerle a la iglesia del país las mismas ideas que en el nuestro. El traidor elegido por Hitler era Vidkun Quisling para hacer un gobierno de pantomima. Intentó controlar a la Iglesia evangélica de Noruega. Una de las primeras directivas del colaboracionista fue prohibirle a Provost Fjelbu, uno de los líderes de la iglesia, que pudiera predicar en la Catedral Nidaros de Trondheim. La Iglesia noruega se unió contra esta medida y frenó la destitución. Cuando Quisling intentó implantar las Juventudes Hitlerianas y prohibir el resto de las organizaciones juveniles, la iglesia tampoco lo aprobó. Cuando se destituyó al obispo Berggrav que predicaba en contra de la ocupación y lo encarcelaron en su domicilio, todos los pastores de Noruega se pusieron en huelga, lo que sacudió al país entero.

Viajé con von Moltke a Noruega el 10 de abril. En el viaje discutimos los planes que se habían hecho en el llamado Círculo de Kreisau, la reunión en la cual participábamos todos los patriotas de la conspiración.

—No creo que asesinar a Hitler sea una buena idea. No veo cómo una acción mala puede llevar a algo nuevo. Sin duda lo merece, pero debemos llevarlo ante la justicia —me dijo Moltke, que era un cristiano convencido.

—Estoy de acuerdo —le contesté, mientras el barco atravesaba el Mar Báltico.

—Creo que lo convertiríamos en un mártir. Los nazis se afianzarían en el poder y tendríamos un gobierno aún peor.

—En eso discrepo. Los nazis son tan individualistas que se pelearían entre ellos para ponerse de acuerdo sobre el sustituto de su amado líder. Hitler es la columna vertebral de nazismo, pero matar a alguien a sangre fría… eso no lo considero justicia.

—Lo más importante es tener una alternativa preparada, que pueda ser del interés de la mayoría, un gobierno socialista y democrático —comentó el hombre, pero en este punto tampoco estábamos de acuerdo. Eso mostraba lo difícil que era a veces que dos alemanes coincidiéramos en algo.

—Debería ser de concentración nacional, sin la participación de los nazis. Eso es imprescindible, lo más difícil será la reparación material y moral de los países ocupados. El resto del mundo nos odia —le contesté. Este tema me tenía especialmente preocupado.

Pasamos los primeros días por los hermosos valles de Noruega, y después tomamos un trasbordador a Oslo. Allí nos reunimos con Berggrav. Los noruegos habían sido muy valientes, pero quería hacerles ver que debían mantenerse firmes para que no les pasara como a nosotros. El obispo me comentó que estaba dispuesto a llegar al martirio si fuera necesario.

Aquellas palabras me animaron. Debía viajar ahora a Ginebra y más tarde a Suecia. Mi trabajo de espía comenzaba a cosechar los primeros frutos, aunque yo seguía viéndome como un simple alemán que intentaba cumplir con su deber.

Mi compañero regresó a Berlín, pero yo me dirigí directo a Suiza. Cuando llegué a Ginebra, me enteré de que nuestro contacto, Visser't, no estaba en la ciudad. El holandés estaba de gira por Inglaterra y España. En el primer país, presentó el memorándum que le había entregado unos meses antes. Se lo llevó a Sir Stafford Cripps, que formaba parte del gabinete de guerra de Churchill.

Aproveché el viaje para crear nuevos contactos con personas relevantes como Erwin Sutz y Adolf Freudenberg, al que había conocido en Londres.

El viaje fue algo infructuoso, pero era una delicia disfrutar de aquella libertad en Suiza; no sabía si alguien me seguía y en el fondo me importaba muy poco, pensaba que era Dios el que me protegía y me mantenía a salvo.

El 23 de mayo me dirigí a Alemania. El obispo Bell iba a pasar tres semanas en el país y era la oportunidad perfecta para reanudar las negociaciones con él.

No era fácil viajar al país. Tuve que pasar antes por Berlín para conseguir los permisos. El mismo Canaris tuvo que intervenir para conseguirme un pase especial por medio del Ministerio de Asuntos Exteriores. Una semana más tarde, estaba tomando mi avión a Estocolmo.

En Estocolmo, estaba uno de los hombres que más se me había opuesto, que había luchado contra la Iglesia Confesante y que era amigo del obispo Hekel que tanto me había atacado: Hans Schönfeld.

Schönfeld intentó convencer al obispo Bell de que desconfiara de la resistencia alemana. También intentó convencerlo de que nosotros no teníamos ninguna intención de devolver algunos de los territorios ocupados y que Churchill jamás aceptaría nuestras condiciones. No le faltaba en parte razón, pero las pretensiones de los alemanes estaban cambiando. Cuando Alemania aún iba ganando, a pesar de los varapalos en Rusia, se podía buscar una paz más cómoda, pero la idea de mantener algunos territorios comenzaba a ser poco factible.

En cuanto estuve en la ciudad, pasé por el Instituto Ecuménico Nórdico de Sigtuna, donde se alojaba el obispo. Nos dimos un cálido abrazo, no nos habíamos visto desde 1939, cuando viajaba a Nueva York. Me habló de mi hermana y su familia, también del resto de amigos que tenía en Londres, nos sentamos a tomar un té y me explicó cómo veía las negociaciones.

—He estado hablando con Schönfeld y me ha explicado algunas cosas que me han dejado algo preocupado.

—¿Está aquí, en Sigtuna?

—Sí, quería entrevistarse conmigo.

Aquel comentario me puso un poco nervioso.

—Bueno, no es precisamente un partidario de la resistencia. Nosotros tenemos detrás a los generales von Boch y von Kluge.

—Schönfeld me ha comentado que se baraja la posibilidad del regreso de la monarquía con Luis Felipe de Prusia; tal vez eso uniría a todos los alemanes.

Me encogí de hombros; no sabía qué contestar. Alemania había tenido una historia demasiado corta para valorar si era mejor la república o la monarquía. De lo que me había dado cuenta era que Schönfeld intentaba a su manera favorecer una paz más favorable para nuestro país, pero yo creía que ese tiempo había pasado y que cualquier tipo de paz nos sería más favorable que mantener a Hitler en el poder por más tiempo. Temía que si se mantenía en el poder dos o tres años más, terminaría por destruir el país y el resto de Europa.

—Yo me siento responsable por los pecados de mi pueblo, como Nehemías, que veía su hermosa ciudad destruida y rodeada de enemigos. Creo que será muy difícil que el mundo nos perdone y vuelva a confiar en nosotros. Creo que Dios ha declarado que la humanidad se salvará y no se perderá. Esta guerra ha sido lo más cerca que ha estado de perderse. No creo que haya diferentes caminos para la paz, sino que el único camino es la paz misma.

Aunque mis palabras conmovieron al obispo Bell, las suyas no fueron demasiado halagüeñas.

—No creo que Churchill quiera una paz a corto plazo, pero vamos a seguir trabajando en ella. Creo que debemos reforzar nuestra comunicación y redoblar nuestros esfuerzos. Somos hombres de Dios y creemos que la fe puede mover montañas.

—Podemos contar con el obispo Björquist, con el que he estado hace poco.

—Será mejor que no involucremos a un país neutral que está tan vulnerable. Es más seguro que los contactos se hagan a través de Suiza. ¿No cree?

—Imagino que tiene razón —le contesté.

—Churchill no se fía de los alemanes. Tengo la sensación de que su corazón se ha endurecido por el sufrimiento que ustedes le están infringiendo a mi pueblo, pero con la desconfianza no se llega a ninguna parte. Intercederé hasta mi último aliento por una paz pronta y en términos de hermandad.

Me marché de Suecia con pocas esperanzas, pero después me enteré de que las conversaciones con el gobierno británico habían sido fructíferas y que el gobierno al menos se estaba planteando su posición. El obispo también comenzó negociaciones al más alto nivel con el embajador de los Estados Unidos en la isla.

Que Dios usara a este humilde siervo para algo tan importante, de lo que dependían millones de vidas, era un privilegio que no merecía.

CAPÍTULO 28

Amor

Klein Krössin, 8 de junio de 1942

EL AMOR A VECES TARDA en llegar, a pesar de que lo estés anhelando toda la vida. En ocasiones, la persona que tienes destinada para amar está en otro continente o vive en otra década distinta de la tuya, pero cuando al final la encuentras, todo encaja por primera vez. Por desgracia, muchas veces el amor llega en el momento más inoportuno y peligroso, aunque en realidad lo que demuestra que es amor verdadero es su capacidad para superar todos los obstáculos.

Aquel verano fue uno de los más felices de la guerra, eso que siempre pensé que no podría encontrar la felicidad en un momento tan cruel como aquel. María estaba en casa de su abuela, mi estimada amiga Ruth von Kleist-Retzow. Acababa de terminar el bachillerato y se había tomado un tiempo de vacaciones antes de incorporarse al obligatorio servicio nacional, que todas las mujeres alemanas solteras debían cumplir en tiempos de guerra.

Mientras su abuela y yo hablábamos de muchas cosas relacionadas con la teología y la situación política de Alemania, María se pasaba las horas muertas escuchándonos.

—Entonces, ¿quieres estudiar matemáticas? —le pregunté sorprendido; siempre me habían fascinado las mentes más racionales como las de mi padre y mi hermano Klaus.

—Sí, aunque mi abuela dice que no es una carrera seria.

Me volví hacia la anfitriona y fruncí el ceño de forma exagerada, hasta que Rut se comenzó a reír.

—Las matemáticas explican casi todo. Están detrás de las leyes del universo que creó Dios; en el fondo, son el lenguaje más secreto del Creador —dije, mientras María parecía extasiada con mis palabras.

Después la invité a dar un paseo por el hermoso jardín de la mansión. Caminamos hasta un arroyuelo y nos detuvimos en un pequeño puente de madera.

—¿Qué piensas de la guerra? —le pregunté, aunque no se me podía ocurrir una cosa peor para hablar en ese momento.

—Me parece algo terrible, la oportunidad perdida para cambiar el mundo. La guerra todo lo destruye, pero no me refiero simplemente a vidas. Rompe las relaciones entre países y siempre es un odio difícil de curar. Piense en el odio que generó la Gran Guerra y cómo propició esta en la que estamos ahora.

Me quedé sorprendido por sus palabras y clarividencia. Ya nada tenía que ver con la niña que había conocido unos años antes. Su juicio era mayor que el de la gente que gobernaba en aquel momento el planeta.

La cena fue también emocionante, pero al día siguiente, María tenía que regresar a su casa y, por primera vez en la vida, sentí un profundo desasosiego por su partida. Era como si aquella muchacha me hubiera robado el corazón.

Los padres de María eran amigos íntimos de Franz von Papen, el hombre que había alzado a Hitler hasta el poder, pero no podían ser más contrarios a este. Habían dirigido varias comunidades luteranas en la región, pero ahora Hans estaba en el frente ruso como oficial, cercando Stalingrado, aunque era un opositor del nazismo.

Los días sin María se tornaron melancólicos. Me dediqué a avanzar en mi nuevo libro, a pesar de la prohibición que tenía de publicar en Alemania, y no me atreví a abrirle mi corazón a Ruth; la diferencia de edad con María me abrumaba. Ella acababa de cumplir dieciocho años y yo ya rondaba los treinta y seis.

Unos días más tarde, un viaje a Venecia me devolvió a la triste realidad de la guerra. Después fui a Roma, para intentar cuidar nuestros contactos con el Vaticano, que estaba en comunicación con los Estados Unidos.

Luego, regresé a Alemania para enterarme de que el padre de María había muerto en el frente, y ella estaba desolada. Me dirigí a la casa de Ruth y allí estuve esperando encontrarme de nuevo con su nieta.

Al final, nos vimos en Berlín, en un encuentro tan inesperado como deseado al mismo tiempo. María trabajaba de voluntaria en el hospital de los franciscanos y me dediqué a pasar por allí varios días a la semana.

El 15 de octubre, me decidí a invitarla a una reunión familiar en casa de mi hermana Úrsula. Era para despedir a mi sobrino Hans-Walter que tenía que ir al frente. También estaban en la fiesta mis padres y el resto de mis hermanos. Era una oportunidad única para que la conocieran.

Después de la cena, logramos irnos un momento al jardín y la tomé de la mano. Sentí cómo una corriente eléctrica me atravesaba.

—Me ha agradado mucho que viniera —le dije, intentando vencer mi timidez.

—El placer ha sido mío, tiene usted una familia encantadora.

Unos días más tarde, el hermano de María, Max, murió en combate. En apenas unos meses, había perdido a dos de sus seres más queridos. Como ella misma me había dicho en la casa de su abuela, la guerra lo devoraba todo sin piedad.

Le escribí de inmediato para consolarla y decirle que, en momentos como aquellos, lo único que podía consolarla era echarse en el corazón de Dios. Que únicamente en Él había verdadero gozo.

La madre de María se quejó de mis cartas, que eran de sincero amigo, y le pidió a Ruth que me dijera que no debía acudir al entierro de su hijo y que me olvidase de su hija, que era demasiado joven para mí. Entendí que hablaba desde el dolor de su pérdida.

Al final, me decidí a visitar a Frau von Wedemeyer, la madre de María, para pedirle la mano de su hija. La mujer me recibió con cordialidad y afecto, y me pidió que nos viéramos en un año, para que su hija madurase más y pudiera ver si aquel amor era verdadero.

Al poco tiempo, mi amigo del alma, Bethge, pidió la mano de mi sobrina, a la cual le sacaba también muchos años. Eso me animó mucho.

La madre de María le había informado de mi visita y, desde ese momento, ella cambió radicalmente; parecía anhelante de encontrarse conmigo.

Llevábamos tres meses sin hablar cuando recibí su carta. Me escribió para comunicarme que nuestro amor solo nos incumbía a nosotros dos, y al poco tiempo, le escribí para señalar una fecha de compromiso.

Aquel año de 1943 parecía arrancar de una forma prometedora, pero lo que ignoraba en aquel momento era que las cosas solo iban a empeorar. Estábamos a punto de darle un golpe mortal al régimen, pero ellos nos vigilaban y nos pisaban los talones.

CAPÍTULO 29

Complot

Berlín, 13 de marzo de 1943

HABÍA LLEGADO LA HORA DE la verdad, pero yo me sentía más asustado que nunca. Ahora tenía más que perder. Además de las represalias que se pudieran tomar con el resto de la familia, temía que la Gestapo pudiera hacerle algo a mi prometida.

La habíamos llamado la Operación Flash, y consistía en explotar por los aires el avión de Hitler mientras este sobrevolaba Minsk. Los ejecutores serían tres militares de alto rango: el general Henning von Tresckow, el general Fabian von Schlabrendorff y Friedrich Olbricht. Uno de ellos era tío de María y el otro su primo, por lo que ella tenía relación directa con tres conspiradores en el asesinato, incluyéndome a mí.

Schlabrendorff tenía que colocar la bomba en el aparato. Tras una visita de Hitler a las tropas en el frente, todo el mundo pensaría que se trataba de un accidente y sería más fácil desbancar a los nazis que si se tratara de un asesinato directo. Para ello, se iba a usar un explosivo británico ligero y poco ruidoso. Al final, la bomba no estalló y Schlabrendorff tuvo que ir luego a retirarla.

Parecía que no había nada mal, pero pensó que el frío había impedido que la bomba estallase.

El plan se pospuso a un nuevo intento unos días después, a una reunión en Berlín que tendría Hitler con sus lugartenientes Himmler y Göring; era como matar tres pájaros de un tiro. Era muy raro que los tres estuviesen juntos en el mismo acto, pero en aquella ocasión, celebraban un funeral en memoria de los caídos. El problema era que, en este caso, se trataba de una misión suicida.

Se presentó como voluntario Rudolf-Christoph von Gersdorff. La idea era que explotara dos bombas dentro de su abrigo. Cuando tuvo a Hitler justo enfrente, las detonó, pero este se marchó tan rápidamente, que Gersdorff se fue al baño a frenar la explosión y salvó su vida.

Parecía que Hitler había hecho un verdadero pacto con el diablo.

Unos días más tarde, celebramos el cumpleaños número setenta y cinco de mi padre. Estábamos todos reunidos, incluida mi prometida, cuando entró un oficial nazi para entregarle a mi padre la medalla de Goethe. Unos días más tarde, llegó otro funcionario nazi, pero no era para rendirle honores a mi padre; era para llevarme a las oficinas de la Gestapo detenido.

CAPÍTULO 30

Prisionero

Berlín, 5 de abril de 1943

LA RED YA SE HABÍA lanzado sobre nosotros pero no lo sabíamos. Llamé a mi cuñado Dohnanyi al mediodía, y me contestó la voz de un desconocido. No supe cómo reaccionar, pero al final pensé en ir a la casa de la vecina y advertirle para que luego avisara a mis padres. La mujer me hizo una comida especial, porque no sabía cuándo volvería a comer bien.

Me encontraba preparado, me había imaginado esa situación muchas veces y había escrito notas de despedida para todos. No es que me fuera indiferente la prisión, tan solo tenía la sensación de que había sido demasiado afortunado. Me llevaba enfrentando al nazismo justo diez años y era un milagro que no me hubieran detenido antes.

Me fui a la habitación y, unas horas más tarde, mi padre me avisó que dos hombres deseaban hablar conmigo. Se presentaron muy amablemente, como dos ángeles del infierno que te vienen a saludar. Uno de ellos era un fiscal militar llamado Mandfred Roeder y un tal Sonderegger, un oficial de la Gestapo.

—¿Es usted el señor Bonhoeffer? —preguntó el fiscal muy serio.

—Sí, señor —le contesté, con una paz que no podía comprender.

—Tiene que acompañarnos —me dijo, y después me indicó el camino.

Tomé mi Biblia; era lo único que necesitaba para enfrentarme a un momento como ese. Mis padres estaban al pie de las escaleras. Noté en sus rostros que para ellos era mucho más difícil. Ya habían perdido a un hijo en la guerra anterior. Además, tenían a varios de sus nietos y a su hija fuera del país. Mi hermano y mi cuñado formaban parte de la resistencia, y la familia estaba a punto de descomponerse.

—¡Hijo! —exclamó mi madre mientras se echaba a llorar. Dejaron que me despidiera con un abrazo.

—Si Dios quiere, volveré, aunque me conformo con Su voluntad.

Lo que más lamentaba mientras me dirigía al Mercedes negro que me esperaba en la puerta era no haber podido despedirme de María. Ahora que estábamos comprometidos, teníamos que separarnos. No me quejaba; cada vez llegaban más chicos mutilados o muertos del frente ruso. Otros miles morían por las bombas o en las batallas del norte de África. En el fondo, me sentía un privilegiado.

Detuvieron a varios de mis amigos y compañeros, dos de ellos fueron Dohnanyi y Oster, pero no pudieron hacerles nada a Canaris ni a la cúpula de la Abwehr. La Gestapo llevaba tiempo reuniendo pruebas contra la organización, no solo poque sospechasen de ella, sino también porque eran su competencia directa en inteligencia.

Después me enteré de que también habían atrapado al bueno de Joseph Müller, pero afortunadamente nos llevaron a todos a una prisión de la Wehrmacht, lo que suponía que Canaris aún nos protegía.

El ingreso fue muy formal. Primero me llevaron a una celda de admisión; las mantas olían tan mal que preferí pasar frío. A la mañana siguiente, abrieron una portezuela y me lanzaron un pedazo de pan duro como todo desayuno, además de un café lleno de posos.

Un guarda me llevó a mi nueva celda y comenzó a insultarme. No hice nada, pero el suboficial, al enterarse de que era un pastor, le dijo que se callara.

—Lo siento, pastor, no estamos acostumbrados a tratar a gente como usted.

El suboficial me trató con amabilidad. Me llevaron a una celda de aislamiento y antes de cerrar, me dijo:

—Lo lamento, pero no podrá salir al patio por ahora, tampoco recibir cartas ni libros.

—No se preocupe —le contesté.

—Espero que pueda soportarlo —me dijo, mientras cerraba la puerta. El sonido metálico me taladró el alma.

En una celda, uno pierde la noción del tiempo. No había luz natural, y los únicos ritmos del día se regían por las tres comidas miserables que me daban. Tenía que hacer mis necesidades en un cubo. Me sentía sucio e incómodo, pero pasaba gran parte del día orando y meditando.

A las cuarenta y ocho horas, me entregaron mi Biblia, el mayor regalo que me podían hacer. Entonces, me pasaba las horas muertas leyendo, hasta que ya no podía más.

Durante doce días, nadie volvió a hablarme. Tampoco salí de la celda. Después me enteré de que estaba encerrado en la parte de los presos más peligrosos en aislamiento. A mi lado, estaban los condenados a muerte; muchos se pasaban toda la noche llorando desconsolados.

Uno de ellos me dijo que estábamos en Tegel. Pensé que no podían llevarme a un lugar peor y que aquello solo podía mejorar.

Unos días más tarde, me trasladaron a una celda más amable, que daba al sur y desde cuya ventana podía ver el bosque a lo lejos. Pedí que me dieran papel y algo para escribir y comencé a escribir un libro. No sabía cómo titularlo, pero serían cartas de amor desde la prisión.

Al final, dejaron que mi familia me visitara y me llevara comida y algunas cosas más. Después de un mes, me sentía como si estuviera en la celda de un monje; tenía la sensación de que Dios me había estado preparando toda la vida para aquel momento.

Al principio, solo me dejaban enviar una carta cada diez días, pero el suboficial comenzó a hablar conmigo y me dejó que enviase más.

—Muchas gracias por todo —le dije una tarde. No hablábamos mucho, solo intercambiábamos algunas frases.

—Lo siento por usted, no merece estar aquí. Vivimos en un mundo en el que los delincuentes están afuera y la buena gente adentro.

Aquel comentario me sorprendió. Sabía que el amor era capaz de mucho más que confrontar al odio; era capaz de enfrentarlo y vencerlo. Ese era el mensaje que llevaba toda la vida predicando, y ahora debía llevarlo a la práctica.

—Dios cambiará algún día todo esto…

—Espero que sea pronto, o ya no habrá nadie a quien salvar —me contestó el guarda.

—Solo le puedo decir que tome su Biblia y lea; en ella encontrará algo de esperanza, que en estos tiempos que corren ya es mucho.

—¿Usted cree? Hace tiempo que perdí la fe —me dijo con una voz triste.

—No se puede perder la fe —le contesté con cierta ironía.

—¿No? No le entiendo —dijo perplejo.

—La fe es confianza, no una mera creencia. ¿Usted cree que Cristo murió por sus pecados y que, si confiesa Su nombre, un día lo resucitará? Esa es la verdadera fe, confianza en que Dios nos ama, nos cuida, nos salva por medio de Cristo y, cuando perdamos lo único que verdaderamente tenemos, la vida, nos resucitará. Como dice Job: «Yo sé que mi Redentor vive, y al fin se levantará sobre el polvo; y después de deshecha esta mi piel, en mi carne he de ver a Dios; al cual veré por mí mismo, y mis ojos lo verán, y no otro, aunque mi corazón desfallece dentro de mí».[1]

No le vi los ojos; el hombre estaba detrás de la puerta de hierro, pero pude escuchar su llanto.

Aquel hecho me animó un poco, Dios me había llevado a aquel lugar con un propósito. Los nazis me habían tirado a la cárcel para hundir mi moral y para confesar mi culpa.

Aunque mi mayor sorpresa en aquellos días fue cuando me llegó un inmenso árbol de Navidad que se quedó en el cuarto de los guardas porque no entraba en mi celda. Yo me quedé con la corona de Adviento, y después pensé que no había ningún lugar

---

1 Job 19:25-27.

en el mundo mejor para pasar aquellas Navidades. Dios se había hecho hombre, se había humillado hasta lo sumo, había muerto de forma injusta, pero voluntaria por toda la humanidad; después, había resucitado y prometido que volvería. Él había orado por mí en Getsemaní, estaba en Su mente mientras moría en la cruz, y ahora seguía intercediendo por mí. Aquel mensaje seguía penetrando en mi corazón con tanta fuerza que sabía que me alentaría hasta mi última hora. No quería autocompasión, no era inocente, mi vida había estado llena de fallos, errores y pecados. Lo único que me diferenciaba del resto era que había dejado todo eso delante del altar de Dios.

CAPÍTULO 31

Razones

LOS INTERROGATORIOS COMENZARON POCO tiempo después. Me enfrenté al dilema de decir la verdad o de evaluar si, en esos casos, Dios permitía no hacerlo. Mi estrategia, más que mentir, era mostrar mi filosofía de vida. En el fondo, tal y como pensaban ellos, era un pastor idealista, que pensaba que el amor era lo único que podía salvar al hombre. Por lo que sabíamos, los nazis desconocían los planes de asesinato de Hitler. Al haber fallado, sus servicios secretos no se habían percatado.

Después, busqué una forma de comunicarme con el exterior. Usaba los libros que me introducían para escribir mensajes subrayando algunas palabras. Marcaba con lápiz un punto apenas visible, solo alguien que sabía que había un mensaje podía darse cuenta.

Uno de los primeros interrogatorios me pareció más severo que el resto. Lo condujo un oficial educado, pero con la mirada severa y fría.

—¿Me está diciendo que era un espía del ejército, pero que no sabía lo que hacía?

—No, oficial. Lo que quise decir es que no estoy seguro de si mi trabajo servía para algo. Mi cuñado me convenció de que lo hiciera y, ya sabrá qué pesados pueden llegar a ser los cuñados. Me limitaba a hablar con otros pastores y religiosos para poder convencer a los aliados de que terminaran con la guerra.

—¡Pero eso es traición! —dijo indignado el nazi.

—¿Buscar la paz es traición? ¿Me está diciendo que el Führer es un traidor? —le pregunté, fingiendo mi asombro.

—No, jamás insinuaría algo así.

—Pues el Führer siempre ha dicho que no quería la guerra, que han sido los aliados los que se la declararon a las autoridades.

—Bueno, eso lo entiendo, pero no creo que buscar la paz a espaldas del Alto Mando no sea traición —dijo el hombre mientras se calmaba un poco.

—Yo seguía órdenes, estaba en una organización de inteligencia militar y lo único que buscaba era el bien de Alemania.

Los interrogatorios se sucedieron uno tras otro, en términos muy precedidos, pero nunca con presiones o ataques a mi integridad.

La mano de Canaris nos protegía a la distancia, además de la de mi tío Paul von Hase, que era comandante militar de Berlín y al que le correspondía la jurisdicción sobre la cárcel.

Además de mis interrogatorios, podía consolar a otros presos y a algunos guardas. Uno de ellos se hizo mi amigo íntimo. Se llamaba Knoblauch e incluso me propuso escapar de la prisión, algo que podía suponer su muerte por traición.

—Creo que es mejor que escape. En Alemania, nadie tiene garantizado un juicio justo.

—No he hecho nada malo —le contesté.

—Eso hace mucho tiempo que dejó de importar. Ellos deciden quién es culpable y lo condenan sin más.

Las palabras de aquel hombre me enternecían.

—No quiero poner en riesgo ni a usted ni a su familia.

—Lo que yo no deseo es que, cuando termine todo esto, no pueda mirarme a la cara en un espejo.

—Dios siempre tiene una salida —le contesté—, y a veces Sus planes no son los nuestros.

Unos días más tarde, me vino a ver el pastor de la prisión. Me pidió que escribiera algunas frases para animar a los presos. Me conocía y me comentó que sería para él un verdadero honor. Desde que estaba encerrado, no había dejado de escribir, sobre todo cartas.

Al día siguiente, le entregué mi escrito:

¡Oh, Dios mío!, a ti te invoco al comienzo del día.
Ayúdame a orar y a concentrar mis pensamientos en ti;
No lo logro por mí mismo.
Reina en mí la oscuridad, pero en ti está la luz;
Yo estoy solo, pero tú no me abandonas;
Yo estoy desalentado, pero en ti está la ayuda;
Yo estoy intranquilo, pero en ti está la paz;
La amargura me domina, pero en ti está la paciencia:
no comprendo tus caminos,
Pero tú conoces el camino recto para mí.[1]

Lo que más me emocionaba, después de compartir con otros de Cristo, eran las cartas que me llegaban de María a través de mis

---

1 Oración matutina escrita por Bonhoeffer en la cárcel.

padres. Los meses pasaban y nuestro noviazgo era epistolar, pero también espiritual, porque la sentía muy cerca a pesar de la lejanía.

Éramos como dos locos, hablando de nuestros planes de boda en una situación así, pero en el fondo, aquellas ensoñaciones me sacaban de esas cuatro paredes que tanto me atenazaban cuando me quedaba solo. Sin embargo, Dios tenía aún un regalo para mí, otro más que no merecía.

CAPÍTULO 32

La visita

Cárcel de Tegel, 24 de junio de 1943

DIOS NOS PROMETIÓ QUE SI lo seguíamos, veríamos ángeles, pero aquella mañana, se me apareció el más bello del firmamento. Sin decirme nada, María consiguió un permiso para ir a visitarme. No pudimos vernos a solas, ya que Roeder, el fiscal, siempre estaba escuchando nuestras conversaciones. Sin duda, la utilizaba para ver si bajaba la guardia y se me escapaba algo.

—Dios mío, cuánto anhelaba verte —le dije mientras tomaba sus manos tibias. Las mías estaban heladas a pesar del calor, sobre todo por el nerviosismo. Me parecía que ella había madurado en aquellos pocos meses, como si el sufrimiento estuviera curtiendo su piel blanca y fina, además de terminando de modelar su rostro hermoso.

Todavía teníamos esperanzas de que todo se resolvería con un juicio rápido y, después de mirarnos un buen rato sin hablar, ella comenzó a hablarme de la boda.

—Será algo sencillo en estos tiempos de guerra, pero no me importan ni el traje ni los invitados, lo único que deseo es pasar el resto de mi vida a tu lado —me dijo con su dulce voz.

—Tendrás la boda más bonita de Alemania. ¡Te lo prometo! —le dije con la inconsciencia del enamorado.

—La haremos en los jardines de la casa de mi abuela, sé que amas ese lugar —dijo María con su sonrisa angelical.

—Me parece perfecto —le contesté. A su lado, todo me parecía así.

—Estás muy guapo, te queda muy bien ese traje.

—Con la dieta de la cárcel, he perdido peso —le contesté mientras miraba al fiscal.

La conversación continuó una hora. No recuerdo el contenido exacto de las palabras, pero sí los sentimientos que me producían. Estaba como en una nube, como si el corazón no me cupiera en el pecho.

Las siguientes visitas fueron más difíciles. No quería que ella me viera en un lugar como aquel y, aunque confiaba en Dios, comenzaba a perder la esperanza de salir pronto de la cárcel. Las derrotas nazis me alegraban, pero el régimen aún parecía fuerte y la gente no había sufrido los azotes de la guerra que vendrían más tarde. Me sentía como un miserable por robarle la juventud a mi amada. Yo comenzaba a llegar a la edad madura, pero ella acababa de florecer.

Sentía que lo único que nos hacía mantener la esperanza era que, a pesar de la gran oscuridad que nos rodeaba, la pureza de nuestro amor demostraba la gracia y el amor de Dios. No quería unirme a María como si se tratase de un acto frívolo. Confiábamos en que Dios, en medio de la incertidumbre, nos prometía un futuro. Eso es la fe: vivir al borde de la eternidad, como ya había dicho en tantas ocasiones, aunque la diferencia ahora era que sí estaba en el mismo borde, a solo un paso de la eternidad.

La voz de Dios es un susurro cuando las cosas van bien, pero en medio del dolor y la prueba, es un grito que escuchamos perfectamente. Ahora podía escuchar de forma tan nítida Su voz, pero, en cambio, no sabía qué quería Él de mí. Bueno, sí era consciente de una cosa, la más importante de la vida: Él me amaba con un amor infinito.

CAPÍTULO 33

Corazón comprometido

Cárcel de Tegel, 26 de noviembre de 1943

CUANDO LA GENTE PENSABA QUE yo estaba sufriendo en la cárcel, me enfadaba un poco. No quería estar allí, pero había aprendido tantas cosas sobre mí mismo y sobre Dios que sabía algo muy importante: que, como le había sucedido al apóstol Pablo, la cárcel me había dado una gran victoria sobre mí mismo. Al leer los libros de muchos místicos cristianos y unirme a ellos en sus padecimientos, podía comprender algo que la teología hasta aquel momento no me había permitido.

La lectura de Salmos y Apocalipsis me daba mucho consuelo, anhelaba el regreso de Cristo con todas mis fuerzas. Me preguntaba: ¿qué es en realidad el cristianismo? También: ¿quién era Cristo en realidad para mí? Pensaba que el tiempo de la religión había terminado, la religión le había fallado al mundo, porque siempre prometía cosas que no podía cumplir. La religión había facilitado la llegada de Hitler al poder; por eso debíamos buscar a

Dios en otro lado. El señorío de Cristo no estaba en los domingos por la mañana, ni dentro de los templos; era algo más profundo. Jesús ya no era el objeto de la religión, de la construcción humana para alcanzarla. Era, en el fondo, el Señor del mundo. Ahora que los religiosos habían descubierto sus caretas, la iglesia se había purificado de verdad. Únicamente los verdaderos cristianos permanecíamos en ella; todos los demás la habían vendido por un plato de lentejas.

El Dios religioso es el que solo se ocupa de nuestros secretos y nuestros pecados ocultos, pero ese era un dios pequeño; en cambio, el Dios de la Biblia es el Señor de todas las cosas.

No creo en un Dios que se despoja del mundo y lo desprecia, como defienden algunos, pero tampoco en un Dios indiferente al hombre. Creo en el humanismo de Dios, salvado por medio de Cristo.

Aquellas eran muchas de mis reflexiones diarias, pero esa mañana, tenía una sorpresa mucho mejor que mis pensamientos.

El guarda me anunció una visita inesperada. Cuando fui al salón, pensando que sería María, me llevé la más grata de las sorpresas. En la misma sala, estaban las personas que más amaba en el mundo.

Al ver los rostros sonrientes de mis padres, María y mi buen amigo Bethge, tuve que aguantarme las lágrimas.

Los abracé a todos, y me contaron cómo seguía el mundo afuera, que parecía casi más difícil que dentro de la cárcel. La escasez ya estaba llegando a todo el mundo, las cosas iban de mal en peor, aunque en la mayoría de las ocasiones, las cosas tienen que ponerse mucho peor para que puedan mejorar.

—Hijo, qué delgado te veo —me comentó mi madre. La vi muy mayor y con los ojos hundidos. No quería pensar en su sufrimiento. Una madre jamás deja de preocuparse por sus hijos; sin duda, es lo más parecido al amor de Dios.

—Seguro que como mejor que muchos alemanes —le comenté. Mi padre no dijo nada. Parecía emocionado de verme, pero siempre se mantenía en segundo plano.

Mi amigo me abrazó, después me contó cómo estaba todo el mundo. Enseguida nos sentimos tan cómodos, como si nos hubiéramos visto unos días antes.

Me trajeron muchos regalos. Huevos duros, María me regaló el reloj de su padre, y su madre me trajo una copa del abuelo. Aquella Navidad en prisión me pareció más dura que la anterior. Todos aquellos meses comenzaban a pesarme. Tenía la sensación de que nunca más sería libre, aunque en mi corazón jamás me había sentido tan libre como en aquel momento.

CAPÍTULO 34

Malas noticias

Cárcel de Tegel, 4 de febrero de 1944

MARÍA ME VISITÓ EL DÍA de mi cumpleaños. Tenía treinta y ocho años, pero no me importó demasiado. Un año más era sin duda un gran regalo. Me entregó un libro, aunque no era consciente de que mi padre me enviaba entre sus páginas un mensaje codificado que me transmitía las peores noticias.

—La guerra terminará pronto —me dijo María para animarme un poco.

—¿Tú crees?

El fiscal se había levantado y se encontraba lejos de nosotros, por lo que me contó algunos detalles.

—Alemania está perdiendo en todos los frentes. El ejército de Hitler ha perdido la batalla de Leningrado y, aunque las noticias han dicho que no era una derrota importante, la realidad es que uno de los grandes ejércitos del este ha sido capturado.

—Lo siento por esos chicos —le contesté.

—Los rusos están avanzando también en Ucrania, y los norteamericanos están cerca de Roma.

Aquellas noticias me esperanzaron. Estuvimos un rato más hablando, pero no tocábamos ya el tema de la boda. No sabíamos cuánto tiempo más podría durar mi prisión; ni siquiera había una acusación formal sobre mí ni había participado en ningún juicio.

Al regresar a mi celda, me deprimí un poco, busqué el mensaje escondido entre las páginas del libro y este me dejó desolado.

—Canaris ha sido destituido de su puesto.

Sabía que el almirante me había protegido todo este tiempo. Ahora que la Gestapo y las SS tenían vía libre, podía sucederme cualquier cosa.

—Dios mío, ¿qué va a pasar ahora? –le pregunté a Dios. Después me puse de rodillas y comencé a orar.

—No sé lo que me depara el futuro, pero sí sé que tú eres mi futuro. Aunque ande en valle de sombra de muerte no temeré; tu vara y tu callado me infundirán aliento.

Después, me tumbé en el camastro. Parecía que la última oportunidad de acabar con Hitler había fracasado, pero no era así. Otros iban a tomar el testigo para correr una milla más.

CAPÍTULO 35

Valkiria

Prisión de Tegel, 30 de junio de 1944

LAS COSAS NO CAMBIARON DEMASIADO en las semanas siguientes, al menos hasta la visita inesperada de mi tío Paul von Hase. Al parecer, por lo que me dijeron después algunos guardias, entró en tropel a la prisión, vio al alcaide, el señor Maetz, que me había tratado siempre con mucha cordialidad, y después se dirigió a mi celda con una botella de champán francés.

—Vamos a brindar, sobrino —dijo después de darme un abrazo de oso.

—Pero… —le contesté, abrumado.

—¡Tenemos mucho que celebrar! —exclamó. Después miró para asegurarse de que nadie pudiera escucharnos—. A ese cerdo le queda ya poca vida.

—Pero tío…

—Es lo que es, un cerdo. Está destruyendo Alemania.

Después bajó el tono de voz y me comentó:

—Hay un nuevo plan para terminar con su vida, y esta vez no fallaremos.

—Canaris y los servicios secretos de la Armada han sido desmantelados.

—No nos hacen falta, sobrino. Todavía podemos conseguir una paz más honrosa para nuestro país. Nos hemos dejado llevar dos veces al desastre, pero no habrá una tercera. Un buen muchacho lo va a intentar, ya puedes orar al buen Dios para que esta vez no falle.

—No puedo orar por algo así —le contesté sorprendido.

—¿Por qué? ¿Piensas que Dios está de acuerdo con que alguien así siga viviendo? —me preguntó asombrado.

—No lo sé, tío, la verdad. Lo único que sé es que, cuando termine esta guerra, vendrán otras, porque hasta que venga Cristo, el mundo será un caos lleno de maldad.

—Pues no nos queda mucha esperanza —dijo mi tío, algo más desanimado.

—Bueno, cuando venga lo perfecto, lo imperfecto desaparecerá.

Me miró muy serio y después me dijo con una sonrisa:

—Sea como sea, este mundo estará mejor sin ese diablo austriaco —comentó mi tío y, aunque no podía estar más de acuerdo con él, jamás podría desear la muerte de ningún hombre, aunque fuera el mismo hijo del diablo.

El plan Valkiria, que mi tío solamente me había insinuado, se llevó a cabo el 11 de julio, en una visita de Stauffenberg en el Obersalzberg. El oficial llevaba el artefacto en su maletín, pero se desanimó un poco al ver que no estaba Himmler, uno de los posibles candidatos a suceder a Hitler si este fallecía. Al final, se decidió a regresar, lo que desesperó a varios de los conspiradores. Afortunadamente, dos días más tarde, Stauffenberg fue invitado al cuartel general de Hitler en Prusia, pero tampoco accionó la bomba.

A pesar de los fracasos, yo me sentía más optimista, al ver que el final del régimen estaba cerca.

Unos días más tarde, en la famosa Wolfsschanze, el oficial llevó de nuevo la bomba. El joven pasó por una capilla católica antes de ir al cuartel general. Quería ponerse en paz con Dios antes de actuar. Siempre me he preguntado por qué los necios se sienten tan seguros y los hombres buenos tan llenos de dudas. La conciencia puede parecernos un contratiempo, pero es una brújula imprescindible sin la que el ser humano zozobra.

Por lo que me contó mi tío, el oficial intentó tranquilizarse mientras esperaba la reunión tomando un desayuno. Después, con cierta sangre fría, llegó a la sala de reuniones, dejó su maletín cerca de Hitler y se disculpó por ausentarse para atender una llamada.

Hitler no hizo mucho caso al oficial; estaba muy ocupado con sus planes. Alguien movió a un lado el maletín, la mesa de roble macizo evitó que la expansión de la explosión fuera más fuerte y Hitler sobrevivió.

Hubo algunas horas de confusión. Nadie esperaba que sobreviviera, y comenzaron los planes para tomar el poder.

Hitler luego confesó que creía que la Providencia lo había salvado, pero todos sabíamos que era su padre el diablo, que siempre defendía a sus perversos hijos, como había hecho antes con Alejandro Magno, Augusto o Napoleón.

Aquella noche escuché parte de su discurso por la radio; los guardas lo tenían puesto a todo volumen. Hitler había conseguido algo terrible, hacer cómplice a toda una nación, que en muchos sentidos, si la guerra se perdía, compartiría su destino.

Tuve que refugiarme en la Palabra de Dios para soportar aquella decepción. El salmista fue uno de los que más me consoló. Algunos confiaban en carros y en caballos de guerra, pero los hijos de Dios debemos confiar en nuestro Dios. Él sabría cómo parar a Hitler a Su tiempo, aunque nosotros no lo entendiésemos en ese momento.

Me preocupaba en qué lugar podía dejar este intento fallido a mi hermano y a otros miembros de la conspiración. Lo que en aquel momento no imaginaba era que también podía significar mi traslado inmediato a un campo de concentración controlado por las SS.

CAPÍTULO 36

La fuga

Cárcel de Tegel, 7 de agosto de 1944

LAS DETENCIONES DESPUÉS DEL ATENTADO no se hicieron esperar. Uno de los primeros en caer fue Canaris, y Stauffenberg y Wener von Haeften fueron fusilados sin juicio. Unos días más tarde, comenzaron los juicios populares contra los conspiradores. El tribunal estaba dirigido por el fanático Roland Freisler, lo que garantizaba aún menos cualquier atisbo de juicio ligeramente justo.

Lo más duro vino los siguientes días. Mi tío Paul von Hase, al que tanto amaba y era mi protector, fue ahorcado al día siguiente. Era uno de los hombres más rectos que había conocido, después de mi padre. Secuestraron a mi tía y a otras mujeres de los conspiradores, un acto de vileza a la altura del régimen.

El día 22, mi cuñado, Dohnanyi, fue llevado a un campo de concentración, pero no fue hasta un mes más tarde que nos comprometían a todos con la conspiración. Mi tiempo de inmunidad había terminado; ahora los nazis tenían pruebas suficientes para ahorcarme.

El informe Zossen recogía todas las atrocidades de los nazis, pero también hablaba de la conspiración y nos nombraba.

Me permitieron seguir viendo a María, pero cada vez la encontraba más desanimada.

—Creo que no deberías volver; esto te está matando —le dije con el corazón destrozado, consciente de que la desesperanza estaba haciendo una profunda mella en todos nosotros.

—No puedo dejar de venir. He pensado irme a vivir con tus padres, para que todo sea más fácil. En momentos como estos, me necesitan.

Me sorprendió aquella generosidad tan increíble que siempre mostraba mi prometida a pesar de su corta edad.

El mes de agosto pasó lentamente, como si el calor asfixiante quisiera demostrarme cómo era morir lentamente.

María vino a verme el día 23. Parecía firme y serena a pesar de las circunstancias. No estaba el fiscal, y pudimos hablar más libremente.

—Me alegra verte mejor —le comenté mientras la tomaba de las manos.

—Nos queda únicamente confiar en Dios. Del hombre, poca justicia podemos esperar. Seguro que nuestro Señor es capaz de hacer que las cosas cambien. La guerra sigue, pero los rusos están a las afueras de Varsovia; Rumania también está en manos soviéticas. Los norteamericanos avanzan por Francia, Roma ha sido liberada y los aliados avanzan en todos los frentes.

—Me alegra escuchar eso, aunque siempre me entristece a la vez. La derrota de Hitler es la derrota de todo el país, e implica que millones de vidas se hayan perdido en vano. Espero que la guerra termine antes de Navidad —le contesté muy a mi pesar.

—Los alemanes empiezan a rebelarse. Ya no soportan más los bombardeos y las privaciones; todas las familias han perdido a alguien. Las bombas caen sobre todas las ciudades importantes.

—Las escuchamos cada noche —le contesté, aunque la verdad es que no les temía.

Los dos nos quedamos un rato en silencio. Después, miré a mi espalda y, al ver que seguíamos solos, le dije:

—Creo que voy a intentar fugarme.

María se quedó sin palabras.

—Es mi última oportunidad. Los juicios a los conspiradores están siendo sumarísimos y creo que van a fusilar a todo el mundo. Ya nada les importa a estos criminales. El cabo Knoblauch me va a ayudar.

—¿Puedes confiar en él? —me preguntó, preocupada.

—Sí, tienes que decirles a mis padres que me consigan un mono de mecánico de mi talla y lo lleven a la casa del cabo.

—¿Cuál es el plan?

—Bueno, saldré disfrazado de mecánico. Después, él me esconderá hasta que termine la guerra, falsificando mis documentos y la cartilla de racionamiento.

Unos días más tarde, mi hermana Úrsula cumplió el recado que le había encomendado mi prometida.

La detención de mi hermano hizo que se paralizara la fuga. No quería perjudicar más a mi familia, que hubiera sufrido las represalias.

El 8 de octubre, la Gestapo me trasladó a su prisión en Prinz-Albrecht-Strasse. Ahora todo empezaba de nuevo, pero sin duda las cosas iban a empeorar. Las cárceles de la Gestapo eran terribles y rara vez alguien salía de ellas con vida.

No me arrepentía de nada de lo que había hecho. Dios conocía perfectamente mi corazón. La resistencia al mal era una muestra de la obediencia a Dios. Sin duda, me hubiera sido más sencillo quedarme callado y no hacer nada, pero los que hemos conocido a Dios no podemos jamás quedarnos impasibles frente al mal.

CAPÍTULO 37

La prisión de los hombres oscuros

Berlín, 8 de octubre de 1944

LA CÁRCEL A LA QUE me habían trasladado no tenía nada que ver con la anterior. Aquí no había patio, no escuchaba el canto de los pájaros, tampoco tenía vistas al bosque de pinos y los guardas no eran para nada amistosos.

Unos días más tarde, me enteré de que en la prisión había viejos amigos, como el general Oster, el juez Sack y el querido Joseph Müller, entre otros. Lo que más me entristeció fue saber que habían detenido a mi amigo Bethge, aunque al menos no estaba en aquella cárcel.

Los oficiales que me interrogaban me amenazaron con torturarme y castigar a mis seres queridos, pero por alguna razón que desconozco, no cumplieron sus amenazas. No sabía cómo era la situación del resto de los prisioneros. Estaba aislado, no podía recibir visitas ni escribir nada, por lo que mi información sobre lo que estaba sucediendo a mi alrededor era casi inexistente.

Pasados unos días, sí me dejaron escribir. Imaginé que tenían la esperanza de que me delatase en las cartas, pero siempre fui muy cuidadoso.

Quería transmitir tranquilidad. Sabía que iba a sufrir dolor, pero era la mejor forma de acercarme a Dios. Él se había encarnado y había sufrido por nosotros. Aunque lo que verdaderamente inundaba mi alma aquellos días era el gozo del que había hablado siempre el apóstol Pablo en sus epístolas.

Al poco tiempo, me prohibieron de nuevo las cartas. Sabía que María había intentado verme, pero tenía restringidas las visitas.

La guerra parecía perdida y, unas semanas más tarde, Himmler dio la orden de que mejoraran las condiciones de los prisioneros. Querían comprar su libertad con aquellos «actos humanitarios». Me permitieron escribirle de nuevo a mi amada.

Estábamos muy cerca de la Navidad, por lo que le pedí que felicitara a mis padres, a los que tanto echaba de menos. Le expliqué, para tranquilizarla, que la dinámica de esta cárcel era muy parecida a la otra; incluso la comida era un poco mejor, pero no le conté que los guardas eran terribles y los interrogatorios interminables.

Le mandé un poema con la esperanza de que cobrara ánimo.

Fielmente rodeado de poderes bienhechores,
protegido y maravillosamente consolado,
quiero vivir este día con ustedes
y con ustedes entrar en el nuevo año.
El pasado aún quiere atormentar nuestros corazones,
aún nos oprime la pesada carga de malos días.
¡Señor! Confiere a nuestras aterrorizadas almas
la salvación que para nosotros tienes prevista.

Y si nos tiendes el pesado cáliz, el amargo cáliz
del dolor, lleno hasta rebozar,
lo tomaremos agradecidos y sin temblar
de tu bondadosa y querida mano.
Pero si una vez más quieres concedernos la alegría
del espectáculo de este mundo y del brillo de su sol,
recordaremos el pasado,
y nuestra vida será toda para ti.
Permite que hoy reluzcan con calor y paz los cirios
que tú has traído a nuestra oscuridad;
y, si es posible, reúnenos de nuevo.
Nosotros sabemos que tu luz brilla en la noche.
Cuando el silencio profundo reine a nuestro alrededor,
concédenos escuchar el sonido lleno
del mundo, que invisible se expande en torno nuestro,
el supremo canto de alabanza de todos tus hijos.
Maravillosamente protegidos por poderes bienhechores,
esperamos confiados lo que venga.
Dios está con nosotros mañana y noche,
y ciertamente en cada nuevo día.[1]

Unos días más tarde, vi a Schlabrendorff en el baño. Era el primo de María y me alegró que estuviera bien; mi prometida ya había perdido a demasiada gente amada.

—¿Cómo se encuentra? —le pregunté, aunque teníamos prohibido hablar en las duchas.

---

1 Poema enviado a su prometida María desde la cárcel el 19 de diciembre de 1944.

—Bien, aunque agotado.

—La Gestapo no deja de interrogarme y presionarme, pero no pienso decirles nada. Estoy algo cansado, pero siento la presencia de Dios en cada momento.

A los pocos días, trasladaron a Schlabrendorff a la celda de al lado. Gracias al cambio, tenía a alguien con quien hablar, para que aquella interminable espera se me hiciera más corta.

Los días pasaban y la Gestapo me presionaba cada vez más, pero Dios me daba sabiduría para escapar de sus ataques.

Unos días más tarde, después de un aviso de bombardeo, logré entrar en la celda de mi cuñado, que estaba postrado en cama a causa de una parálisis en las piernas. Me agaché y lo abracé.

—¡Dios mío, Dietrich! —exclamó emocionado. Estuvimos un rato en silencio, dejando que nuestros corazones hablasen por sí solos. Tuve que salir a toda prisa, antes de que los guardias me descubriesen.

Los días se convirtieron en semanas y estas en meses. En febrero de 1945, en una de las mañanas más frías del año, me sacaron de mi celda para trasladarme a un nuevo lugar.

Unos días antes, había logrado informarme de lo que era un secreto a voces, los soviéticos se encontraban a ochenta kilómetros de Berlín, Polonia había sido liberada por completo. Habían entrado en Prusia oriental, lo que había provocado una desbandada general de mis compatriotas, que temían la revancha rusa. Los americanos se encontraban en el Rin, habían ocupado Alsacia y Lorena, y Hitler estaba encerrado en su búnker en Berlín; la guerra no podía durar mucho más que unas pocas semanas. Tenía que aguantar un poco más.

La llegada de los rusos nos demostraba que el diablo siempre envía el mal de forma duplicada, para que nos entretengamos en juzgar cuál de los dos es el peor. Imaginaba la crueldad de los soviéticos, pero era necesario que Hitler muriera; el mundo sería un lugar mejor sin él. No sabía cómo orar en aquellos días, pero estaba convencido de que Dios no permitiría que el pueblo alemán pasara un sufrimiento mayor del que pudiera soportar.

CAPÍTULO 38

Campo de concentración de Buchenwald

Campo de concentración de Buchenwald,
7 de febrero de 1945

AQUELLA MAÑANA REUNIERON A TODOS los prisioneros más importantes del campo y nos montaron en dos camiones; cada uno iba a un campo diferente. No sabíamos qué querían hacer con nosotros ni por qué nos sacaban de Berlín, pero imaginé que deseaban usarnos como rehenes. Vi de lejos al excanciller de Austria, el Dr. Kurt von Schuschnigg, también Hjalmar Schacht, el exjefe del Reichsbank.

En mi camioneta, se encontraban el doctor Hermann Pünder, el conde Werner von Alvensleben y Joseph Müller, entre otros.

Los guardas nos pusieron las esposas a la espalda y yo me quejé. Müller, que tenía la cara destrozada por las palizas, me miró sonriente y me dijo:

—Vamos a la horca con calma, como buenos cristianos.

No nos iban a ahorcar. Tuvimos que soportar un largo viaje de más de 300 kilómetros hasta Buchenwald.

El campo era enorme, estaba situado en la colina de Ettersberg, cerca de la ciudad de Weimar. Me horrorizaba que en nuestro amado suelo los nazis hubieran construido aquellos lugares de la infamia, pero para ellos, el terror y la muerte eran dos de sus falsos dioses.

El campo había sido creado en 1937 para prisioneros políticos. Algunos amigos habían estado encarcelados aquí, por lo cual lo conocía un poco.

Me metieron en una celda con el general Friedrich von Rebenau; aquello me tranquilizó. Sabía que el general era un buen cristiano y eso lo había llevado a rebelarse frente a Hitler. Se había opuesto a los dictados de Rosenberg y, en 1942, lo habían obligado a retirarse. Había estudiado teología en la misma universidad que yo tras el retiro, por lo que podíamos hablar horas sobre los temas que nos apasionaban a los dos.

—Los más peligrosos no son los malvados —le comenté a mi compañero en la celda.

—¿Seguro? ¿Entonces quiénes son?

—La estupidez no es solo falta de conocimiento o inteligencia, es sobre todo un problema moral y social; por eso, aunque el mal es peligroso, la estupidez lo es mucho más. Es más peligroso tener un gobernante estúpido que malo.

—No lo entiendo —me dijo el general. A sus 70 años, se conservaba en buena forma todavía.

—Lo primero es que las personas estúpidas pueden hacer mucho daño sin darse cuenta. Además, el estúpido no razona, por lo que es más difícil combatirlo. El mal acaba autodestruyéndose, pero la estupidez es imbatible.

El general, que sufría tremendas diarreas, parecía encontrarse un poco mejor; nuestras charlas lo ayudaban a bajar la tensión. Una de las peores cosas del campo era el estrés que producía la constante incertidumbre.

—¿Dónde nace la estupidez? —me preguntó, mientras intentaba cambiar de postura en el catre.

—Los regímenes como el de Hitler hacen que la gente deje de pensar por sí misma, solo escucha la propaganda y los eslóganes del poder. Eso termina con el pensamiento crítico. Además, la gente se acostumbra a seguir a la masa, pensando que la mayoría debe tener razón.

—Eso es lo que hemos visto estos años —añadió el general.

—Sí, pero después sucede que la gente se conforma, aun aquellos que al principio se oponían. Más tarde, el miedo y la propaganda adormecen a la masa. El poder necesita que la gente sea estúpida. ¿No cree?

—Sin duda, querido pastor Bonhoeffer.

—Una persona estúpida es alguien totalmente impermeable a los argumentos racionales; es como si le resbalaran. Se deja llevar por los eslóganes, sin siquiera entenderlos o cuestionarlos. Además, no duda nunca de sus ideas y desprecia a todo aquel que intente hacerle ver la realidad. La enfermedad que padece Alemania es muy difícil de curar. Puede que los nazis pierdan la guerra, pero eso no volverá a todos los estúpidos en cuerdos. Buscarán a otro líder carismático que los engañe. Al final, es más fácil que piensen por ti. ¿No cree?

—Sin duda, pero habrá alguna forma de combatirlo, si no, estamos destinados a volver una y otra vez a sistemas como el de Hitler.

—Hay esperanza. La estupidez se frena cuando el régimen que la sustenta desaparece. También influye la educación. Tenemos que fomentar el pensamiento crítico, pero como es además un problema moral, debemos también impregnar a la sociedad de principios morales.

En los comedores, nos encontrábamos con el resto de los prisioneros. Uno de los que me causó más impresión fue el doctor Sigmund Rascher, que había sido uno de los colaboradores más estrechos de Himmler. Parecía un tipo sombrío y solitario, pero intenté hablar con él; estaba intrigado por saber cómo había acabado en un lugar como aquel.

Bueno —me dijo una mañana—, fui médico en Dachau y he ayudado a construir las cámaras de gas en Auschwitz.

Jamás había escuchado aquel nombre, por lo que le pregunté qué era Auschwitz.

—Es como este campo, pero mucho más grande y sirve para acabar con los judíos.

Aquellos comentarios me horrorizaron, pero sobre todo por la pasividad de aquel hombre.

—¿No le parece terrible asesinar a personas inocentes? —le pregunté en uno de nuestros paseos.

—En eso somos diferentes usted y yo. Para usted, son personas y eso les da una dignidad que yo no creo que posean. Son una raza inferior que es mejor exterminar, igual que se hace con las ratas. Cuando queremos acabar con un nido de rata, acabamos con sus crías también, si no, dentro de poco volverán a reproducirse.

—Los judíos no son ratas. Son personas como usted y como yo —le contesté indignado.

—El darwinismo social no dice lo mismo. Solo las razas más fuertes merecen sobrevivir. Las débiles, como pasa en la naturaleza, deben sucumbir. Ustedes, los cristianos, han revertido el orden natural de las cosas, salvando a los débiles y castigando a los fuertes. Eso hizo que nuestra sociedad se hiciera cada vez más débil. Su religión es la religión de los esclavos, pero la nuestra es la de la fuerza y el poder.

Aquel fanatismo demostraba mi teoría: muchos alemanes habían creído las palabras mentirosas y dañinas que los nazis habían propagado. El nazismo era una religión política, como había sucedido con el comunismo. Únicamente había que creer en sus dogmas sin plantearse en realidad nada más.

CAPÍTULO 39

El viaje

Campo de concentración de Buchenwald,
1 de abril de 1945

LOS CAÑONES SE ESCUCHABAN A los lejos. Todos aguantábamos el frío y el hambre con la esperanza de ser pronto liberados. Nuestras fuerzas se agotaban cada vez más, pero Dios nos las renovaba cada día.

El 3 de abril, el jefe de los guardianes, un tal Sippach, anunció que nos trasladarían de nuevo. Debíamos ser demasiado valiosos para el régimen y no querían que los aliados nos liberasen.

Estuvimos todo el día esperando. Al final, llegó un camión al filo de las diez de la noche. Temíamos que nos hubiera tocado viajar a pie. Aunque estábamos en abril, aún hacía mucho frío. El transporte era pequeño, preparado para unas ocho personas sin equipaje, pero tuvimos que acomodarnos unas dieciséis con equipaje. El camión se movía con leña y, mientras avanzábamos por los caminos solitarios, solo salpicados por vehículos abandonados y los socavones de las bombas, nos asfixiaba el humo que desprendía.

Me alegró alejarme de aquel campo, pero no sabíamos adónde nos llevaban y siempre me ha inquietado más la incertidumbre que la peor de las certezas.

Mis ilustres compañeros estaban literalmente colocados como sardinas, nadie podía moverse.

En ese momento, sonó la sirena y los guardias nos dejaron solos en el camión. El humo nos asfixiaba y, al final, Rascher gritó:

—¡Nos están gaseando, es una trampa!

Todos nos asustamos; él era un experto en ese tema.

Al final salimos y el humo se disipó. El vehículo no avanzaba mucho; cada hora, el camión se detenía y tenían que limpiarlo para que volviera a arrancar.

En medio de la noche, la gente pidió que le permitieran bajar para hacer sus necesidades; nos encontrábamos en medio de la nada.

Al final nos dejaron salir, estiramos las piernas y pudimos hacer nuestras necesidades. Los tres guardas habían sido al menos algo comprensivos y aquel descanso nos hizo recuperar un poco el ánimo.

Llegamos a Weiden y nos paramos enfrente de la comisaría del pueblo, pero nos dijeron que debíamos seguir, que ya no había sitio en Flossenbürg. Estábamos saliendo del pueblo, cuando los policías nos pararon y sacaron del vehículo a Lieding, a Müller y a Ghre.

Unas horas más tarde, pasamos frente a una granja y nos dejaron asearnos. Las dos mujeres que nos acompañaban lo hicieron en la casa y nosotros en el exterior.

La mujer del granjero nos dio generosamente algo de leche y pan de centeno. No habíamos probado nada tan bueno en meses.

Siempre podemos encontrar a gente de gran corazón en cada circunstancia.

No nos querían en ninguna prisión de las que pasábamos y la noche estaba a punto de cernirse sobre nosotros.

Al final, llegamos a Regensburg. Los guardas abrieron la puerta y nos dejaron pasar.

El guarda de la entrada comentó algo que nos sorprendió: «Nos traen más malditos aristócratas». Eso nos confirmó que Himmler seguramente quería canjearnos por algo o alguien.

Por la mañana, nos dejaron salir de las celdas. El salón estaba lleno de los familiares —muchos de ellos niños— de las familias que habían sido detenidas después del intento de asesinato de Hitler.

Esperamos el turno para ir al baño, pero entretanto saludábamos a nuestros conocidos, como si estuviéramos en una fiesta.

A las cinco de la tarde, para nuestra sorpresa, uno de los guardas nos dijo que teníamos que seguir el camino, lo que nos desanimó a todos. Salimos siguiendo el curso del Danubio, tan ignorantes como antes de a dónde nos dirigíamos. Hubiéramos preferido quedarnos con los demás.

Al final, nos enteramos de que íbamos a Regensburg, pero la leña se había agotado y el vehículo estaba detenido. Pararon a unos ciclistas y les pidieron que informaran sobre nuestra situación y enviaran algún transporte.

A las once, llegó un autobús que transportaba a varios soldados y nos subieron allí. El transporte era mucho más cómodo y rápido, pero los guardas eran más amenazantes.

Atravesamos montañas y valles, paisajes todavía medio nevados. En uno de los caminos, unas chicas pidieron a los guardas que las llevaran y las subieron a nuestro transporte. Las jóvenes nos miraron con una mezcla de curiosidad y sorpresa.

Estábamos hambrientos y uno de nuestros compañeros propuso que paráramos en una granja. A primera hora de la tarde, por fin llegamos al pueblo de Schönberg. Allí nos llevaron a la escuela que se había convertido en una cárcel improvisada.

No entendíamos nada, por qué hacían todo aquello. No tenía sentido que nos alejaran de nuestra libertad; todos sabían que la guerra estaba perdida.

Teníamos mucha hambre, pero Margot, una de nuestras compañeras de viaje, consiguió que una anciana les llevase algunas patatas y algo de café caliente. Después de tantas horas sin comer, aquello nos pareció un verdadero manjar.

Los guardas no tenían nada para darnos de desayunar, pero algunos lugareños nos trajeron algo de pan y unas ensaladas de patatas. Aquello me enterneció, todavía había mucha gente buena en Alemania.

CAPÍTULO 40

Paz y felicidad

Buchenwald, 8 de abril de 1945

ERA EL PRIMER DOMINGO DE Pascua, por lo que el doctor Pünder me pidió que hiciera un pequeño culto de celebración. Al principio, no quise molestar a nadie, pero hasta Kokorin, el oficial ruso que era ateo, me pidió que hiciera el culto.

La sala, que había sido antes una clase, era luminosa y bastante agradable. Comencé orando.

—Gracias, oh Dios, Creador del universo, Padre amoroso y misericordioso, por poder celebrar este primer domingo pascual. Nos has traído hasta aquí por tus bondades, que son nuevas cada mañana.

—¡Amén! —dijo la pequeña congregación.

Después, leí el libro del profeta Isaías, el capítulo 53.

> *¿Quién ha creído a nuestro anuncio? ¿y sobre quién se ha manifestado el brazo de Jehová? Subirá cual renuevo delante de él, y como raíz de tierra seca; no hay parecer en él, ni hermosura; le veremos, mas sin atractivo para que le deseemos. Despreciado y desechado entre los hombres, varón de dolores,*

experimentado en quebranto; y como que escondimos de él el rostro, fue menospreciado, y no lo estimamos.

Ciertamente llevó él nuestras enfermedades, y sufrió nuestros dolores; y nosotros le tuvimos por azotado, por herido de Dios y abatido. Mas él herido fue por nuestras rebeliones, molido por nuestros pecados; el castigo de nuestra paz fue sobre él, y por su llaga fuimos nosotros curados. Todos nosotros nos descarriamos como ovejas, cada cual se apartó por su camino; mas Jehová cargó en él el pecado de todos nosotros.[1]

—Isaías anuncia al varón sufriente, el que se convertiría en el Redentor del mundo, lo que nos muestra que la llegada de Jesucristo estuvo profetizada muchos siglos antes. El profeta nos describe al Dios despojado de Su majestad, al hombre que muere por todos nosotros, para que nosotros podamos tener vida abundante.

La gente parecía emocionada al escuchar la Palabra de Dios. A veces solo lo escuchamos cuando la desesperación invade nuestra alma por completo.

—El apóstol Pedro nos habla de la esperanza viva que tenemos en Cristo, que igual que Dios le resucitó de los muertos, Él nos resucitará también a nosotros.

En ese momento, entraron en la sala dos hombres, me llamaron por nombre y me quedé paralizado.

—Prisionero Bonhoeffer, tiene que acompañarnos.

En ese momento, dejé la celebración y me despedí de mis compañeros.

Entonces, pude acercarme a Best y comentarle brevemente:

---

1 Isaías 53:1-6.

—Este es el final, amigo, pero el principio de la vida con Él. Por favor, dale recuerdos al obispo Bell y esta carta a mi familia.

Me llevaron a otro transporte y me comunicaron que me dirigía al campo de concentración de Flossenbürg. No me hacía ilusiones, sabía que Dios me estaba llamando a Su presencia. Me costaba dejar a los míos a este lado de la eternidad, pero sabía que era solo por un tiempo.

Morir cuando todo volvía a vivir era una de esas ironías de la vida, pero los planes de Dios siempre son perfectos.

Uno de los guardas que estaba sentado a mi lado me dijo:

—Ha tenido mala suerte, amigo. El mismo Adolf Hitler ha pedido su muerte. Al parecer, estaba leyendo un informe y encontró un fragmento del diario del almirante Canaris en el que se hablaba de usted.

—No creo en la mala suerte; creo en los planes de Dios. Él sabrá por qué me quiere sacar de este mundo.

Mi respuesta fue sincera, pero aquel último viaje me llenó de melancolía. Amaba el hermoso mundo que Dios había creado, me hubiera gustado casarme con María y formar una familia, pero me debía antes a mi Señor. Me sentía como Jesús ante Pilato, cuando este le dijo que podía elegir entre acabar con Él o dejarlo vivo, pero el Maestro le contestó que el único que tenía esa potestad y estaba sobre Él era Dios.

—Al parecer, alguien se ha dado cuenta de que se había cometido un error y nos han mandado a buscarlo. Casi no damos con usted —comentó el guarda.

No sabía que me esperaba un juicio, aunque en el fondo fue una pantomima más de Hitler, de aquel hombre necio y estúpido que se creía el más sabio y fuerte de la tierra.

El tribunal estaba presidido por un tal Thorbeck, que me acusó de traición, al igual que a Canaris, a Oster, a Sack, a Strünck y a Gehre.

Pasé la noche tranquilo. Pensé en el reino de los resucitados; por fin estaba a punto de entrar en el paraíso. Oré en paz y después sentí que Dios mismo me llenaba de un gozo inefable. Dormí tranquilo y, por la mañana, vinieron a buscarme. Que Dios me guarde.

Epílogo

EL GUARDA SE QUEDÓ PENSATIVO después de terminar el diario. Se había hecho de noche y ahora al fin comprendía la entereza de aquel hombre ante la muerte. No tenía miedo; era invencible.

Recordaba a Bonhoeffer al lado de los otros acusados cuando escuchó la sentencia y la condena. También cuando se puso de rodillas mientras oraba, cómo su rostro brillaba como el de un ángel.

Después, subió los escalones del cadalso, valiente y sereno, allí oro brevemente y después el verdugo colocó la soga en su cuello.

El hombre murió en unos pocos segundos, pero en su rostro no apareció ni la más mínima expresión de temor, parecía en paz con su Creador.

El hombre se puso en pie y dejó el diario a un lado. Estaba llorando. Hacía tanto tiempo que no sentía nada que lo sorprendieron sus lágrimas. Después, se puso de rodillas y pidió perdón a Dios por sus muchos pecados.

En ese momento, sintió cómo una paz inexplicable lo invadía. Aquel pastor había cumplido su última misión en vida, pensó el guardián. Después, guardó el diario en su bolsillo y se marchó de la celda.

Algunas aclaraciones históricas

LO NARRADO EN ESTE LIBRO está inspirado en la vida de Dietrich Bonhoeffer, pastor y teólogo alemán que se enfrentó al nazismo.

Todos los hechos narrados aquí son veraces, aunque se han recreado algunas conversaciones y algunos pensamientos del protagonista.

Bonhoeffer fue asesinado vilmente por orden directa de Adolf Hitler apenas unos días antes de que este se suicidara en el búnker de la Cancillería en Berlín.

El asesinato de Bonhoeffer y otros cinco prisioneros fue una de las últimas órdenes que redactó Hitler.

El día 23 de abril de 1945 los aliados entraron en el campo de Flossenbürg.

Klaus Bonhoeffer, el hermano mayor de Dietrich, fue ejecutado por la Gestapo el 9 de abril de 1945.

Christine Bonhoeffer estuvo presa en Leipzig, pero fue liberada tras la guerra. Sin embargo, su esposo Hans von Dohnanyi fue ejecutado el 8 de abril de 1945.

Sabine Bonhoeffer y su esposo Gerhard Leibholz sobrevivieron a la guerra y viajaron a los Estados Unidos.

María von Wedemeyer, prometida de Dietrich, fue arrestada brevemente pero fue liberada. Murió de cáncer en 1977.

Los padres de Dietrich, Karl y Paula sobrevivieron, pero con un profundo dolor por la muerte de gran parte de sus hijos.

Agradecimientos

A TODO EL EQUIPO DE B&H, por su buen trabajo y amor por mis libros.

A todos los libreros y distribuidores que llevan por toda América mis libros.

A los lectores que aman aprender y disfrutar al mismo tiempo del viaje fascinante que es la literatura.

Cronología de la vida de Dietrich Bonhoeffer (1930-1945)

1930

- Septiembre: Bonhoeffer viaja a Nueva York para estudiar en el Union Theological Seminary. Durante este tiempo, se expone al cristianismo social y al movimiento afroamericano en Harlem.
- Octubre: en Alemania, Hitler gana influencia en el Partido Nazi, que obtiene 18.3 % de los votos en las elecciones parlamentarias.

1931

- Julio: Bonhoeffer regresa a Alemania y comienza a enseñar teología en la Universidad de Berlín.
- Septiembre: se ordena como pastor luterano.

1933

- 30 de enero: Adolf Hitler es nombrado Canciller de Alemania.
- 1 de febrero: disolución del Reichstag. Hitler convoca nuevas elecciones.
- 27 de febrero: incendio del Reichstag, usado por los nazis como pretexto para reprimir a los opositores.

- 23 de marzo: la Ley Habilitante otorga poderes dictatoriales a Hitler.
- 1 de abril: primer boicot nazi contra negocios judíos.
- Julio: se prohíben todos los partidos políticos, excepto el nazi.
- Septiembre: Bonhoeffer denuncia en la radio alemana el culto al Führer, pero su transmisión es cortada.
- Noviembre: comienza a trabajar con la Iglesia Confesante, en oposición al intento nazi de controlar la Iglesia Protestante con los Cristianos Alemanes (Deutsche Christen), un grupo pro-Hitler.

1934

- Mayo: la Iglesia Confesante se organiza y redacta la Declaración de Barmen, denunciando la interferencia nazi en la iglesia.
- Junio: Bonhoeffer viaja a Londres, donde pastorea congregaciones alemanas en el exilio y contacta opositores al nazismo.

1935

- Abril: Bonhoeffer regresa a Alemania y funda un seminario clandestino en Finkenwalde, donde entrena a pastores de la Iglesia Confesante en resistencia espiritual.
- 15 de septiembre: Alemania aprueba las Leyes de Núremberg, excluyendo a los judíos de la ciudadanía alemana.

1937

- Julio: Himmler declara ilegal la Iglesia Confesante. El seminario de Finkenwalde es cerrado por la Gestapo.
- Septiembre: Bonhoeffer publica *El costo del discipulado*, obra clave sobre la resistencia cristiana al totalitarismo.

1938

- 9-10 de noviembre: Kristallnacht, pogromo masivo contra los judíos en toda Alemania.
- Bonhoeffer viaja a EE. UU. en junio de 1939, pero decide regresar a Alemania en julio, convencido de que no puede abandonar a su pueblo en tiempos de crisis.

1939

- 1 de septiembre: Alemania invade Polonia. Comienza la Segunda Guerra Mundial.
- Bonhoeffer se une a la Abwehr, el servicio de inteligencia militar, donde trabaja en la resistencia contra Hitler bajo la apariencia de misiones oficiales.

1940

- Prohibición a Bonhoeffer de hablar en público o publicar escritos.

1941

- Alemania invade la Unión Soviética (Operación Barbarroja).

- Comienza el exterminio masivo de judíos en los campos de concentración.

1942

- Bonhoeffer viaja a Suecia para reunirse con emisarios británicos y proponer negociaciones de paz si Hitler es derrocado.
- La Gestapo aumenta su vigilancia sobre la resistencia.

1943

- 5 de abril: Bonhoeffer es arrestado por la Gestapo, acusado de conspiración contra el régimen.
- Es encarcelado en la prisión de Tegel en Berlín.
- En prisión, escribe cartas y reflexiones teológicas que se publicarán póstumamente como *Resistencia y sumisión*.

1944

- 20 de julio: fracasa el atentado contra Hitler (Operación Valquiria). Muchos de sus compañeros son ejecutados.
- Bonhoeffer es trasladado al campo de concentración de Buchenwald.

1945

- Abril: lo trasladan al campo de Flossenbürg.
- 9 de abril: Bonhoeffer es ejecutado en la horca, por orden directa de Hitler, solo semanas antes de la caída del Tercer Reich.